# 與耶穌一起，談愛情

## 從交往到婚姻，讓愛延續的兩性相處秘訣

# LOVE THAT LASTS

How We Discovered God's Better Way for Love, Dating, Marriage, and Sex

JEFFERSON BETHKE 傑弗森・貝斯齊　ALYSSA BETHKE 艾莉莎・貝斯齊

— 合著 —

童貴珊

— 譯 —

# 讀者好評

這本書非常了不起，一般談「男女交往與婚姻」的書籍都像說教，從未見過像這樣將自己剖開讓讀者看看內裡的真實想法，但不就是如此才能確實地幫助到人嗎？「夫妻兩人是個團隊」、「真愛是即便在你最沒感覺的時候，仍選擇去愛。而且，天天如是」、「撒旦最邪惡的伎倆，是讓你相信關於自己的謊言」……書中有超過百句直戳我內心的結論，這些可能來自於作者隨手一提的價值觀分享，卻帶給我們無價的提醒！

——**劉駿豪，得勝者文教創辦人**

傑夫與艾莉莎真實而坦誠，透過他們的軟弱，我找到了醫治——從恐懼與疑惑中得到療癒——我曾經不信世上真有所謂以上帝為中心的健康婚姻，但這本書讓我有了信心，也帶來很棒的示範。

不論你當下身處哪一種關係狀態（或你可能像我一樣至今仍單身），每個人都需要這樣一本書，好好閱讀這些有關醫治、救贖與永不止息之愛的故事。

——**凱拉，大學生，單身**

我們正邁向第四十個年頭的婚姻生活，全心全意推薦這本書給所有年輕與年長的已婚夫婦。

**——柏比與丹妮，已婚三十九年**

對曾經無力延續婚姻的我而言，這無疑是我至今讀過最鼓舞人心的著作。傑夫與艾莉莎分享了他們一路走來、在婚姻裡所學到的各種反省。不管你的靈性狀況、交往狀況、婚姻狀況是怎樣，這本書對你一定能夠有所啟發。

**——萊斯利，中學教師，單身**

真希望我們能在新婚時就接觸這本書！閱讀一對置身婚姻生活中最槍林彈雨與濃情蜜意的夫妻所寫的書，感覺身心都被提振了。傑夫與艾莉莎以真愛、恩典與不斷成長的心志，來領航他們的婚姻，他們也邀請並鼓勵人家一起前行。

**——奈特與珍娜，已婚十年**

我們親身經歷了婚後第一年美好而甜蜜的生活，隨即陷入挫折連連的孕程檢測。經過兩次試管嬰兒的受孕失敗計劃，我們最終在超過八十小時的住院療程之後，完成了這一連串的考驗。在那段深入死蔭幽谷的過程中，這本書指引我們走出暗夜，為我們指向更美好的未來，與身心合一。

**——凱文與勞倫，已婚四年，即將當爸媽了**

這本書以生動活潑而簡單易懂的表達方式，來談論愛情與婚姻。我們深信，本書內容之豐富，足以滿足每一位置身不同狀態中的讀者！

——**泰勒與白麗，交往四年**

身為單身者，這本書深深激勵了我，使我重新發現自己何等蒙神所愛。傑夫與艾莉莎的經歷很容易引起我的共鳴，讓我也想要像他們那樣，對上帝給我們的一切真理與教導（包括對個人身體與性事）深信不疑。

——**撒拉，大學生，單身**

傑夫與艾莉莎將他們的故事娓娓道來，讀者馬上能產生激蕩與共鳴。你將一次次抱書沉思，帶著啟發與激勵，出發尋找屬於你這一生、那永不止息之愛。

——**傑克，年輕單身漢，準備好要交往了**

不管我們的個人經歷是怎樣，每個人都有屬於自己的情感包袱，也有急需包紮與醫治的傷口。但我們的被造，不是為了短暫的世俗人生而已，更是為了一份永不止息的愛。

——**蕾貝卡・哈蒙，四十二歲，已婚三年**

傑夫與艾莉莎以無比謙遜的心，邀請我們參與他們的真實生活！當他們談起個人經歷與婚姻故事時，那些敘述都建基於聖經與真理之上，清楚詮釋上帝對愛情關係最原初的設計。這本書直接探觸我們千瘡百孔的現實景況，也重新指引我們走向在基督裡的自由與更新。不論你今年幾歲，都不要錯過這本啟發人心的好書！

**——卡利．司寇特，洛杉磯加洲大學學生**

這本書提醒我們，我們的愛情與婚姻，是神的大計劃中一個非常重要的部分。

**——阿雷克．波爾，碩士生**

對於那些剛開始交往的情侶而言，這是一本以親身歷程來思索婚姻的精彩好書。如果你以為婚姻是靠你努力經營而得，那你就錯了。一段由耶穌的愛來主導的婚姻，才能使你們成為一對堅定而快樂的伴侶。拿起來讀吧，不久之後，你就會相信了。

**——傑與派緹，已婚三十年**

閱讀傑夫與艾莉莎的愛情故事之後，我竟不自覺與他們的生命歷程產生共鳴，那是我始料未及的事。本書向我們演繹了在交往與婚姻裡的恩典。我相信我們家正值青春期的孩子，將從這本書中獲益良多。

**——培治，已婚二十三年**

專文推薦

# 走出婚前迷亂的世代

江兒

從二〇一四年開始婚前課程（為什麼結婚系列）至今，我已不知對著多少年輕、好奇的臉龐，一次又一次不厭其煩地說：「當你看見郊外河畔，一對對親暱激情的青春身影，請記得，那是虛幻的！可若你瞥見在公園步道上，牽著手佝僂慢行的老夫老妻背影，那才是真實而永遠的！」

這段在課程結束前常用到的教導，多半會引發一片笑聲！能有反應當然覺得欣慰，但不知大家聯想到的點是否一致？我想傳遞的「戀愛與婚姻的對比」之感慨，確實帶給他們提醒及共鳴了嗎？

但課堂上有不少信念，他們肯定是收到了，比如「婚姻最根本的目的不是要讓我們幸福美滿」，說到這，台下每每一片譁然。未婚男女突然像洩氣的皮球：「為什麼？怎麼跟想像的不一樣？」接著我說：「婚姻真正目的是要讓人的生命變好！」他們似乎更疑惑了。我得快快再補一句：「然而，大家想想，兩人若生命都變好，豈會不幸福美滿！

不是嗎？」這皮球馬上恢復飽滿，也驚覺到：原來戀愛讓人只想甜蜜幸福，可生命成熟與否，才是婚姻好壞長遠的關鍵，而非婚前交往多轟烈、對方或自己外在條件多好、多浪漫等等。

再如「孤單、單身只是過渡期，不宜久留，免得活在試探裡」。所以保羅直說：「與其慾火攻心，不如嫁娶為妙！」性，並非不好，但因它是「限定使用的禮物」，只在婚姻裡方能享受，撒但卻千方百計誘人提前打開，好東西就變成了傷痛、咒詛。我分享這方面的觀念，學員們的迴響最強烈，也最令人欣慰，可見人心仍渴望上帝賜人婚姻的美善。

可現今，幾乎都經由戀愛進入婚姻，婚前性行為氾濫，因此，儘管大家都夢想得到幸福，真實的情況卻是：婚後不久便受傷沮喪，離婚率飛速加增！其根源大半在上述只想浪漫幸福、不知婚姻為何的認知上；這當然也是婚前欠缺這方面的學習或教導所致！但當我一一分析後，他們多半能懂，也願意調整，這便讓我越發在這方面有負擔和全心投入！

只不過，我一期期一班班接觸到的未婚男女，能講給多少人聽呢？倘若有一本能把「婚姻聖經真理與這世代婚前問題」說清楚、生活化又好看的書，那該多好啊！沒想到，不久前突然接到一位陌生編輯的信件，邀請我為這本書寫序。哇！我邊看就邊吃驚了！怎麼如此吻合我的期待——書的封面上提到「神對戀愛、婚姻與性的美好心意」，不也就是我這幾年來不斷碰觸與掛心的主題嗎？上帝竟已如此精準地預備好了——感謝祂的僕人傑夫與艾莉莎書寫問世！讓我感動到想流淚，祂深知這世代的需要與急迫；不待人開口，解方已端出！

此書特別之處在於寫法，這對夫妻不像一般此類書籍從理論教導入手，而是見證般說出真實心路，從年少各自的迷失開始：弟兄多在性方面的犯錯與掙扎，姊妹雖敬虔仍無法不在乎外貌胖瘦以至於厭食症等，婚前的種種迷惘與這世代越發多元混亂的思維困境，交錯對話，最終導出信仰的亮光，才稍得心情平順下來！

比如第一章，傑夫開場便說：「那一年我十六歲，在一部停在教會停車場的車子後座，我失去了我的處男身分。對方不是我的女朋友，我們甚至剛見面沒多久。我知道這進展有點太快了，不過我無意嚇你，事實上我的目的剛好相反，因為統計數據告訴我們，那是再正常不過的事。」

這些看似「再正常不過的事」，卻成為傑夫整本書裡困惑思辨的主軸，他說，這不正是大部分人的真實寫照？我們都染上了愛情疾病，「對浪漫戀情、性愛、交往與婚姻的病態觀點，正一步步將我們摧毀……我高中時幾乎被這凶猛的病毒害死，還任由它潛伏體內直到大學時期。它像深藏靈魂裡的未爆彈，我得不斷去拆除，還要同時尋求解藥與醫治」。

第二章換艾莉莎上場，她說：「從外表看來，我是個愛耶穌的女生……但在我的內心深處，我一點一滴地枯萎。我感覺前所未有的孤單，彷彿無人了解我。那些想法幾乎每個小時都在嘲笑我——你太胖了。看看你的大腿，太粗了。難道你就不能像那個女生一樣有個小蠻腰嗎？今天不能吃餅乾了。或許今晚我只能吃一顆蘋果和一些吐司。」

這樣男女角度交換敘述的基調，構成了整本書環繞在這個主題上種種翻騰的心思。但無論過去的傑夫與艾莉莎被這世代的謊言帶到何等的偏離荒唐，總要直到他們將這一切不安與不確定轉回耶穌跟前，才有了以下的看見與安穩，傑夫發現：「我們要不斷地挖掘、探索與尋找，常常自我提問：『針對這件事，神的心意是什麼？』而不是只有那些規條而已。如果你只靠教條度日，那沒有耶穌你也活得下去。但是，如果你沒有親近某人，進一步了解他或與他建立關係，那你就無從明白他的心意。這才是上帝要的——祂要透過我們與祂建立的關係，來激發我們的婚姻與親密關係。」

是以，婚姻最大的目的，其實便是預表「神愛世人」（丈夫愛妻子如同基督愛教會）的終極真理，完成這樣的親密關係更是宇宙間的奧祕！傑夫和艾莉莎，有如明白上帝心意的亞當及夏娃，從罪的轄制與青澀年華的幼稚，一路跌撞到豁然明白！

倘若，你也敢於承認自己有過類似的黑暗時期，且懂得棄絕罪疚感，努力嘗試挨近耶穌的胸懷，你必可像這對夫妻一樣，對婚姻有全新的看見！

而若你未婚，那麼這本書更是你即時到手的探路燈！將可陪著你快快回到生命的亮光處，重新矯正方向，因為，生命裡唯有耶穌才是你我的良人，婚姻有祂的引領，不管在哪個世代，撒但隱身在後的迷惑與控訴，就滾到一邊去吧！

願你和我一樣，同得這本書的好處，不再猶豫或懼怕於婚姻門前，使你的婚姻一生都合神心意而恩福滿載！

（本文作者為中華迦拿婚姻家庭成長協會副理事長、牧師）

專文推薦

# 重建關係的根基

晏信中

有件事我一直不能理解，從小到大，我們花了大概二十年以上的時間去上課學習各樣的知識，但針對我們人生真正重要的事，包括生老病死、愛情、交往、婚姻與性愛……等等，卻從未有一個正確的管道來正視或是教導，導致許多的愛情偶像劇、漫畫、言情小說、電影、甚至於A片，就成為了大家的啟蒙老師，這也難怪這個世代的婚姻關係是這樣地岌岌可危。

聖經上說：「根基若毀壞，義人還能做什麼呢？」年少時不健康的關係模式深深地影響了我們一輩子的人際價值觀，因此，能夠越早得著正確屬神的教導，將會使我們接下來的成長過程，免去很多不必要的傷害。

我很喜歡這本書是由傑夫和艾莉莎夫婦一同來執筆，來自於男人與女人，以不同被造的角度來解讀愛情、交往、婚姻、性愛。你會發現他們所說的是這麼不一樣，但從中卻又找到相當平衡的一種看見。相信無論是男生或是女生來讀此書，都會不斷點頭，認同於同性的想法，卻也同時訝異於異性的看法，原來男女真是大不同。

對於我過去全職服事年輕人超過十六年的經驗，我真心認為，若是這本書可以早個十六年出版，我的牧養人生會輕鬆許多！這本書也可以預防許多的姊妹，因著錯誤地判斷愛情以至於跌得滿身是傷；或是幫助許多弟兄更清晰地了解，原來姊妹是種非常複雜的創造，我們有時候都太過膚淺了。當然，若是今天你正在婚姻當中而想要逃離的朋友們，我相信這本書可以幫助你拿掉許多的盲點，學習更多地去認識彼此，不再只是從自己主觀的角度而可以從對方客觀的角度，或許就可以重新看見愛情的美妙及婚姻被造的美意！

傑夫在此書中不改他撰寫《耶穌比宗教大》的手法，他完全拿掉了宗教或傳統的包袱，暢所欲言地說出他自身成長的掙扎與經驗，衛道之士可能會大聲斥責，卻又欲蓋彌彰地想要撇清切割自己內心真實的黑暗與軟弱，但是我想這個世代應該要有人大聲疾呼來面對真實自己的軟弱，好讓神的剛強可以真正地覆蓋我們。一個剛強的世代，應該是勇於敞開自己並尋求神超自然力量遮蓋的世代。

親愛的年輕人，上帝懂你孤軍奮戰的感受，在可說或不可說的地帶徘徊打轉，好像有時候可以立下心志熱情地跟隨耶穌，跪在台前立下一生跟隨的誓約，但有時又在自己情感和肉體的思緒上被完全攻破城池而全軍覆沒，甚至懷疑自己是否重生，或當年熱血所發的誓言只是單純衝動。讓這本書來幫助你更深地被同理，情感愛情的路上不再橫衝直撞，未來的婚姻當中更懂得相知相守，而最重要的，是能夠邀請耶穌現在就來幫助你重建關係的根基。神就是愛，祂絕對是關係當中最好的導師，讓祂來引導你過一個蒙福的人生！

（本文作者為台北靈糧堂青年牧區社青區監督）

# 目・錄

給金絲莉與肯儂：

我們的愛如此不完美，

深願藉由我們的生命圖像，

你們能找到完美的祂。

——愛你們的媽咪、爸爸

前・言

# 重尋真實的親密關係

有一天，我和妻子艾莉莎在臉書上收到一位女性朋友的訊息。她說她認識的一對夫妻，最近剛完成我們寫的《31天大挑戰》（*31 Day Challenge*）系列書籍中的功課。這對夫妻當時瀕臨離婚邊緣，在放棄之前，他們決定再努力一次，一起閱讀《31天，愛他鼓勵他》（*31 Days to Love & Encourage Him*）與《31天，愛她鼓勵她》（*31 Days to Love & Encourage Her*）。這位朋友詳述，在神的恩典下，藉由每一天的實際操練，他們慢慢學會如何彼此相愛、如何互相付出，而出乎意料之外的是，他們竟然重新愛上對方。

訊息的內容繼續寫道：

九月十三日，那位妻子寫了一封情書給她先生（那是當天要完成的功課），然後上樓就寢。深夜兩點時，她忍不住把身邊的丈夫叫醒，告訴他睡醒後有一份驚喜等著他，然後輕聲問丈夫，她是否可以抱抱他。

清晨四點，她不小心驚醒了丈夫，於是對他說：「對不起，親愛的，又把你吵醒了。」

丈夫回答：「寶貝，我已經習慣了，沒關係，我愛你，晚安。」第二天丈夫醒來時，驚覺妻子在睡夢中過世了。

我被這則訊息驚訝得說不出話來。坦白說，我一時之間不曉得該如何思索這件事，但有一點是再明顯不過的，就是神彷彿一心重燃這對夫妻的愛火，為他們預備了如此美好的情感修復與和好的過程，並在失去愛侶的哀傷來到之前，為丈夫預留了一段難以磨滅的愛情記憶。

艾莉莎和我想要告訴你，如果你的親密關係健康而豐盛，那其餘的事也能一一到位。但如果這段關係不健康、傷痕累累或了無生氣，那麼，其他事做得再好也失去了意義。就某方面而言，深度關係確實對生活的許多面向影響甚深。它們是震央，足以撼動其他事物與人際關係。即便對單身的讀者而言，這番論述仍然真實適切：我們如何看待日常生活的人際關係、如何在這些關係中相信神、如何與祂同行，最終往往會影響我們如何生活、如何面對我們的工作，以及如何成長。

那正是我們撰寫這本書的初衷。雖然這本書提及許多我與妻子的婚姻故事，卻不是一本關乎婚姻的書。雖然我們也討論約會的種種，卻也不是一本關乎約會的書。雖然我們也探索與性愛相關的內容，但肯定不是一本關乎性愛的書（如果真是這樣，這會是一本什麼樣的書啊！）。我們只是想要藉由自己走過的足跡，期待你從中找到認同與共鳴的地方。

我們從來就不是完美無瑕的人，甚至不具備任何資格來書寫這本與婚姻相關的書。雖然我們的婚姻仍舊亟需神的恩典，然而，「一根歪斜的枝子，仍然可以畫出一條直線」，這樣的想法使我們大膽做出這番嘗試，期待不完美的我們可以為你指向一個充滿生命與喜樂的地方，重尋最真實的親密關係——在耶穌裡。

這本書是為了這群人而書寫：與社會格格不入的人、心靈破碎的人、傷痕累累的人、疲憊不堪的人、心力交瘁的人、成癮的人、離婚或失婚的人、已婚的人、單身的人、適婚或有交往對象的人，以及想在各樣事情上（包括婚姻、交往、情愛與性愛）尋求上帝心意的人。

原因無他，因為那些過程就是我們的故事。

我的妻子艾莉莎在我們二十幾歲第一次約會之前，從未牽過其他男生的手。反觀我，打從高中開始就把「只要感覺對，有何不可」視為人生座右銘。我們的故事裡，仍有許多需要拆毀與重建的地方——例如「聖潔至上文化」造成的負面影響，以及過去荒唐生活所帶來的情感包袱。因此，我們希望這本書能在許多不同的面向中成為第三條出路，一條回歸聖經的出路，同時發出提問：「到底，神對愛情的心意是什麼？」

在我們的婚姻旅程中，這個提問一再地引發我們去尋求答案，而那些答案常讓我們驚喜不已，並為我們的婚姻注入許多喜悅與生命力。我們希望能像前面提到的那對夫妻那樣，當生命終了的那一刻到來──「直到死亡將我們分離」這句婚姻誓言真正發生時──我們能無悔地說，我們用心地活過了，我們深愛過了，而我們的婚姻也指向另一個更永恆的圖象，那意味著我們的婚姻始終不只是為了我們自己，有一天，當人們看見我們時，能從我們的關係中瞥見那份隱藏其中的最大之愛──耶穌。

# 寫在前面

在我們的婚姻中，音樂一直是個非常重要的元素，使我們想起那些意義非凡的時刻、重要的日子，或是難忘的情境（包括我們的分手）。

有時候，一首歌便足以描繪你人生中一段完整的境遇，令你忍不住懷疑那些生動而深刻的歌詞是不是為你量身定制的。所以，我們決定以一種有趣的方式來表達這份情懷——用不同的歌曲作為所有章節的標題，而這些歌可以準確地詮釋那一章的核心思想（有些是因為歌詞，有些則是歌名）。

然而，並非所有標題都美麗浪漫，也有哀愁與恐懼——那才是重點。這些列入名單的歌曲我們都很喜歡，但我們要強調的是這些歌如何在不同角度引發你的共鳴與迴響。或許你對大部分的歌都不陌生，我們歡迎你把那些歌一一找出來，一邊閱讀，一邊聆聽。

當你開始閱讀時，你會發現我和艾莉莎輪流撰寫不同的章節。我們在每一章開頭都清楚標示，好讓你一目了然。我相信，當你讀過幾章後，便能輕易認出每一章的作者是誰，因為我們的寫作風格迥然相異，表達方式也不盡相同（那可是我們婚姻中最顯著的兩大差異點）。

我（傑夫）喜歡大觀點的發想，再一一分析；而我的妻子（艾莉莎）則擅長親近讀者，透過故事來傳達不同的想法。我們深信這是個好玩而生動的呈現方式，也能藉由我們不同的特質彼此互補。衷心期盼你能因此而收穫滿滿，備受鼓舞！

第1章

# 哪裡有愛？

黑眼豆豆樂團（The Black Eyed Peas）

**✧ 傑夫的角度 ✧**

愛，充滿創造。

愛，充沛滿溢。

愛是豐盈。愛是生命。

那一年我十六歲，在一部停在教會停車場的車子後座，我失去了我的處男身分。對方不是我的女朋友，我們甚至剛見面沒多久。我知道這進展有點太快了，不過我無意嚇你，事實上我的目的剛好相反，因為統計數據告訴我們，那是再正常不過的事。

對了，我告訴你了嗎？當我和艾莉莎在二十幾歲第一次約會時，她還沒牽過任何人的手呢！我們這兩個迥然相異的生命故事所碰撞而成的婚姻，豈止天淵之別？不過，那是艾莉莎的故事，我會在後續篇章中讓她自己來告訴大家。

回溯那段生命歷程，讓我忍不住有點發抖。當時的我是個極度缺乏安全感的少年，也為此深陷軟弱之中，總是想盡辦法要去滿足那個眾人投射的理想形象，我想成為受歡迎的人。很多時候，我們付上許多代價，只為贏得別人的喜歡或讓別人覺得我們與眾不同，這聽起來是不是很可笑？

我不斷尋找——如饑似渴地尋找。我渴望被喜歡，我期待被接納，我想要更多人知道我。從外表看來，我像個十足的模範生：我高中時參加棒球隊，還連續兩次參與洲際冠軍賽。老師們經常告訴我媽，說我聰明又活潑。我小心翼翼地維護我的形象，極度在乎自己在別人心目中的印象。如果你耗費大部分時間與精力在這些事上，你自然沒有時間去關注其他事——譬如你自己、你的熱情、你的喜樂、跟隨耶穌……

不斷濾除你的生命，或是把自己包裝成一個謊言（或至少半個）讓別人信以為真，那可是一份耗費心力的全職工作。

如今回首，我才看清原來那段日子是何等黑暗。如果你有機會問問十六歲的傑夫那是不是一段暗無天日的日子，我敢肯定他會矢口否認，因為我當時根本無從比較。我被羞恥與罪疚感所淹沒、不曉得自己的被造所為何來、還要辛苦地為他人的肯定而活，而我竟以為這些都是再正常不過的生命狀態。這些想法持續發酵，最終模糊了我對愛、性與女性的觀感，使我陷入長達好幾年不健康而糟糕的戀愛關係中，也屢屢做出不好的決定。我至今仍在努力為當年的許多錯誤進行修復。高中生涯可說是許多方面的基礎點——我在那時做了不少使我後來糾結痛苦的決定。

我們或許沒有察覺，大部分人在面對戀愛關係、性與愛的課題時，都像在玩一場由情感與靈性組成的「疊疊樂」。我們做了不少在當下感覺不錯的決定，看起來也似乎是個好想法，但我們從未深入思考這麼做的後果。就像玩「疊疊樂」那樣，我們所做的每一個錯誤決定，都是從高樓中移除一塊積木，一次又一次削弱了我們的完整性與人性。

最糟糕的情況，不外乎整個高樓應聲傾倒——分手後的崩潰。不健康的親密關係。難以忍受的心痛。怒火與累積的苦澀滿溢而出。

唯有在這些時候，我們「才會」領悟，原來就是那些看似微不足道的小小決定，把我們帶到痛苦不堪的下場。為什麼大學時期的分手風暴讓我們一蹶不振？因為我們十五歲起就開始這種不健康的關係模式。為什麼我們的婚姻基礎搖搖欲墜？因為我們在大學時期的約會與愛情總是無縫接軌，舊愛新歡來來去去。為什麼每次與男友或女友做完愛之後，總是被沉重的羞恥感衝擊？因為我們多年來將自己對性愛的認知放在象徵純潔的戒指與寫著「真愛要等待」的手環上，而不是放在耶穌身上。

當我們實際去做那些決定時，不會有任何懲罰物品砸到我們頭上，我們便以為自己置身安全狀態。我們從積木高樓中抽出一塊積木，一切看起來安安穩穩的，沒什麼不妥。

當我們告訴自己「就這麼一次」，然後按下色情網頁的連結網址。

當我們去參加舞會，然後和一位初次見面、以後也不會再見的人出去狂歡。

當我們常常對不屬於自己的異性產生幻想，然後想像與之共度一生會是什麼情景。

當我們身邊所有親人朋友都力阻，我們卻堅持要維繫那段感情。

當我們與某個異性走在一起，明知我們從未真正喜歡對方，也沒有愛到想和他們交往，但我們就是期待享有掌控對方與被需求的存在感。

於是，我們沒有打算停下來，我們繼續走下去、做下去。

直到有一天，某個決定成了高樓傾倒的最後一塊積木——就在那瞬間，積木一移除，大樓應聲倒下，我們腳邊是一地碎片。

我二十幾歲進入婚姻後，很快就發現，我以前做過的錯誤決定和那些偏差的兩性觀點，一直在逼我去面對它們。我別無選擇，只能在逆境中打一場硬戰，那可是九十度的懸崖險境。

幸好，在那些苦苦爭戰的過程中，我不覺得自己孤軍奮戰。其實那些荒唐歲月早已離我遠去，但有時回首卻又覺得仿若昨日。那一幅幅的畫面與無數的記憶，不時在我的大腦裡熊熊燃燒。

某方面來說，我仍然被那些畫面、記憶與想法所困擾。有時候，跟隨耶穌讓我覺得自己堅毅又勇猛，好像騎馬上陣的戰士；但也有些時候，當某種羞恥與罪疚的記憶擅自闖入心中，頃刻間我便全軍覆沒——我會躺在地上，咬緊牙關，雙手抱頭，用真理提醒自己，並且問自己：**上帝會如何看待此時此刻的我？在這樣的時刻，祂又會怎樣看待祂自己呢？**

那個十六歲的傑夫已經死了。他早已被埋在墳墓裡，就在我答應跟隨耶穌的那一分鐘，我就同時被釘在曾釘死耶穌的十字架上。我是個新造的人。所有羞恥與罪疚都被徹底抹滅。耶穌以無比灼熱的目光與激烈極致的愛，凝視著我。我是他的。

攸關健康兩性關係的戰場，就是我們的「心思」，一切由此展開。我們的想法可以定義我們，我們如何面對神的觀點、如何發掘與認識自我，都顯得無比重要。因為正是這些想法，開創了我們生命中所有的航道。

## 戀愛症候群

我和艾莉莎都曾和那些傷害我們關係的想法交戰過，那些想法會使我們在某方面對婚姻產生病態的抗拒。這種伴隨我們大部分人生的「病」，有時候需要藉助婚姻才能看清它的症狀。

這令我想起以前參加過的一場派對，當時我們尚未從夏威夷的茂宜島搬到華盛頓。當天的派對上，顯然有人帶著猛烈的病毒威力來參加，我們卻毫無所覺。延續了三天的派對，十四名參加者中有十一人被腸胃病毒擊垮，兩天兩夜寸步不離馬桶，完全不曉得接下來還會如何「一瀉千里」（如果你也在現場，就會明白那可能是這輩子最可怕的困境之一）。

我在派對的那幾天，絲毫**不覺得**自己生病，**不覺得**自己有任何不舒服，也**不覺得**自己感染了什麼病毒。反之，我覺得自己好得不得了，還盡情享受了與朋友家人在一起的時間。直到好幾天之後，我才發現自己其實早就病了。

在那場派對上，我被潛伏的病毒感染而不自知，而那正是我們戀愛時的狀態。我們都染上了愛情疾病，都是戀愛症候群的患者。我們對浪漫戀情、性愛、交往與婚姻的病態觀點，正一步步將我們摧毀。多年來，我們飽受愛情病毒的感染，卻渾然不覺。我在高中時幾乎被這凶猛的病毒害死，還任由它潛伏體內，直到大學時期。它像深藏靈魂裡的未爆彈，我得不斷去拆除，還要同時尋求解藥與醫治。沒有任何事比「前一段感情」和「追逐愛情」更讓我覺得痛苦與受傷了。

那不正是大部分人的真實寫照嗎？當我們來到二十幾歲或三十歲中期，才正要開始美好的中年歲月，怎麼卻覺得欲振乏力，彷彿一切已來到終點？我們心力交瘁，覺得什麼都不想再做了。我們撿拾著青春歲月所掉落的一地碎片，回頭看去，才終於能以比較完整的角度來理解，過去那些選擇是何其無益而充滿遺憾。

我們是怎麼變成這樣的？為什麼有那麼多人在踏入職場、婚姻，或步入中年之際，才驚覺自己開展人生的動力竟然是恐懼？我們不是應該帶著鬥志與生命力來面對人生旅程嗎？

或許，這與我們錯誤的「愛的定義」脫離不了關係。

顯然，有些地方無法正常發揮功效，有些電線已經打結了。

整體而言，我們的文化生病了，變得不健康、受傷而破碎。

另一個困擾我的問題是，假設我們**都生病了**，那麼，我們到底知不知道自己真正的病情？

你知道嗎？孤單感已被公認為一種慢性病。

色情產業在這世代早已失控，著名色情影星潘蜜拉．安德森（Pamela Anderson）曾將色情產業標示為「公共健康的危機」與「公害」。

自從一九九八年以來，對抗憂鬱症的「百解憂」，用藥量呈倍數成長。《好友萬萬睡》（*Friends with Benefits*）與《飯飯之交》（*No Strings Attached*）這兩部典型好萊塢電影所探討的「有性無愛」的兩性關係，似乎已成了許多男女情愛世界的常態觀點。

婚姻變得如此碎裂，以驚人的高比例不斷墜落，就連法律制定者也在思索是否要搞個類似「兩年婚姻證」的東西，來取代終生婚約。

這樣看起來，自我中心、隨興所至的性愛似乎在各方面都符合邏輯。性可以抽離真實的情感與關係，彼此之間毫無關聯，所以有人寧可花錢消費，為自己選購像機器人一樣的做愛對象，不但可以量身打造各種情境，還可以隨心所欲地做愛。我的意思是，**如果性行為純粹只為滿足自己的慾求，買一台機器人不是更輕鬆省事嗎？**更何況只要插頭接好，機器人永遠都能處於好心情、好興致呢！

然而，最令人想不到的絕大諷刺是，在全世界最大的色情網站（那可能是距離真愛最遙遠的地方），不計其數的人一邊盯著電腦螢幕，一邊與自己發生性行為，在這個所有人都在這裡瘋狂搜尋某種東西的地方，最常被搜尋的一個關鍵字竟然是——愛。

孤單感。

破碎的婚姻。

機器人般的性愛。

色情網站。

置身這個「你可以在任何時候擁有任何東西」的世代（只要你是Amazon網站會員），「愛」也成了所謂「綁在木頭上的蘿蔔」，只要消費得起，人人都能買到。

然而，聖經卻說：「神是愛。」

還有一句令人忍不住感歎的話：「每一個敲妓院之門的男人，都在尋找上帝。」好消息是，上帝也在輕敲每一間妓院的門，尋找迷失其中的人。我們每個人都有自己的那間「妓院」——那些我們前往尋求愛、親密感與人際連結的地方。我們需要投入一段關係，因為我們急切渴望來自人們的肯定，我們需要建立互相歸屬的親密關係，我們甚至為此欲罷不能。

對某些人而言，則是尋找一種被認同、被喜歡、被認可、被欣賞的需求。

我們或許也會感到不解，為什麼我們那麼容易就和人墜入愛河，然後很快又不愛了？我們是否有足夠能力去認清，原來我們愛的那個對象，是根本不存在的理想人物，而這種想像不但會擊碎我們，也無從滿足我們。然後我們繼續尋覓，期待下一個會更好，就這樣一再重複。

我們身上滿是創傷與傷疤，拖著沉重的負累蹣跚前行，不知還能再走多久。但是，萬一抵達目的地之後才發現，支撐自己前行的，不是真正的愛，這一切不過是一場愛的大誤解，那該如何是好？

## 無毒的親密關係

十六歲那年，我剛完成蹩腳的駕訓班，開車上路時，第一次遇到輪胎沒氣。我記得當時一邊開車，一邊隱隱覺得行車狀態有些不對勁。當時我剛和幾位朋友外出玩樂回來，準備走鄉間小路返家，那段路離我家有好幾哩的車程。那種感覺好像是油門有問題，或是油門踏板需要比平時踩得更用力，就像我的車子在拖拉什麼重物似的。

我說過了，那是我生平第一次遇到輪胎沒氣，所以我當時根本不曉得那是怎麼回事。我以為輪胎沒氣應該有很明顯的狀況出現，就像電影裡演的那樣，輪胎爆開，然後整部車子失控旋轉。不過，即使這些都沒發生，我還是覺得車子有些奇怪，但勉強還可以加速、轉彎，也可以停車。

我其實不知道，如果我持續開著漏氣的輪胎前進，每多開一秒，我的車子就多承受一份耗損——輪框、引擎、定位系統等其他汽車零件。但無知的我選擇繼續開，讓我的車子越磨越糟糕。

對大部分人而言，我們看待愛、約會、性、婚姻的觀點，有時候就像漏氣的輪胎。一開始有點卡卡，出現一些狀況。我們曉得，也感覺得到。當然，我們還是可以拖著漏氣的輪胎繼續開。當然，這樣的車子還是可以完成任務。當然，婚前性行為沒什麼大不了。當然，約會期間同居確實有助於你們更認識彼此。然而，某個時候，你會忽然感覺有些東西不對勁。其實，危害的程度遠比實際情況更嚴重，但因為我們不知道，就繼續往前疾駛，直到情況一發不可收拾。

我們的受造，不只為此。

我們的生命，不是為了開一台破輪胎車子而上路的。我們本來就不該和丈夫、妻子之外的任何人發生性關係。我們本來就不是為了色情成癮而被造的。我們本來就不是天生注定要投入一段分手後會難過絕望得要命的感情，難受到好像失去了上帝一般。

多年以後，當我們終於把車子停靠路邊，蹲下來仔細檢查時，才赫然驚覺——也是第一次發現——原來我們已經把漏氣的輪胎，磨損得如此殘破不堪。

我們以為愛可以任意取得，但其實愛只能被付出、被領受。我們也以為愛是一種感覺，但其實愛是一份承諾。

不論我們看待愛、戀愛與性愛的方式多不正確，它們仍然令人嚮往，因為我們就是為此而被造的。儘管它們被扭曲、被誤解——但它們不只如此，還有更多更多。神從來不想把我們的喜樂奪走，反之，祂想要追加更多。神也從來不想把我們的性慾拿走，反之，祂想賦予更多內涵，好讓我們的性生活更滿足。神從來不想要我們痛恨浪漫戀情，祂只想要引我們先找到亙古不變、最偉大的愛情故事。

為了讓我們明白自己是從哪裡開始走錯路的，我們首先要探究哪裡才是正路的開端。到底，那些無毒、無害的親密關係與愛，最初是從哪裡開始的呢？

## 最偉大的愛情故事

基督教作家韋基道（Christopher West）曾說：「按著愛的本質，它渴望展開屬於自己的交流與共享。」[1] 其實神從來不需要我們，祂自己便已然完美與完整了。然而愛創造了一切。愛是豐盈。愛是生命。神按著祂的神性與本性創造了這份愛，祂也創造了一群擁有祂形象的受造之人，帶著這份美好無比的愛去分享與交流，直到原本各自獨立的個體合而為一。這幅美麗的圖畫便是婚約的真正意涵。也因此，性是在身體之內，誓約是在應許之內。

當神創造我們身體的獨特（包括男性與女性）之後，祂也從中選擇了一些部分，來傳達關於祂自己的特質。

你知道嗎，聖經的其中一個首要命令，便是去做愛。嗯，當然，神所使用的確切語句是「生養眾多」（創世記1:28），但你應該知道那背後的意思。在罪進入這個世界之前，男人與女人就已不再完整，他們心懷一種渴望，一種想和另一個人結合的神聖歸屬感。那便是我們被造的故事，也是我們要訴說的故事。

詩人溫德爾．貝瑞（Wendell Berry）形容得精彩而生動：「一個族群的性愛，是以婚姻為中心，讓兩個靈魂緊密相連於這個世界上。這兩個結合的人，彼此認識、相愛與信任，這份相屬的關係，使他們在性愛的自由上建立了共識，最終，將上帝形象完滿地實現出來，在地如在天。透過他們的結合，其他人也紛紛加入這行列，完成一份敬畏、喜樂與無止境的偉大責任。」[2]

在許多不同的文化中，性與基督宗教常被視為勢不兩立的仇敵，這樣的誤解令我百思不解。因為事實上，你找不到其他比耶穌跟隨者更積極看待性事的群體了——他們以

1 Christopher West, *Theology of the Body for Beginners*(Milwaukee, WI: Ascension Press, 2004).
2 Wendell Berry, *Sex Economy, Freedom & Community* (New York: Pantheon Books, 1993), 138–139.

充滿力道、美好、精彩而深入的角度，來看待性這回事。當丈夫與妻子在完美的愛中合而為一（不只是靈魂與內心的結合，也是身體的結合）那是上帝自我呈現的清晰圖像，那裡面有太多故事可以講了。

神創造了我們的身體，好讓我們能夠參與在這個故事中。性愛。男性。女性。我們原本是互不相關的「他者」，而今卻合而為一。在「合一」的過程中，會涉及人與人之間的交流與共享，也會涉及愛的互動與互換。於是，當他們彼此結合時，「第三個」形象於焉誕生。

聖經一開頭就立下了一個前提：「起初，上帝創造天地。」（創世記1:1）這段經文說明了在天地萬物被造以前，神早已存在（當然，祂一直都在，未來也將再來），然後祂說：「**我們**要照著**我們**的形像、按著**我們**的樣式造人。」（創世紀1:26）這裡可以稍微窺見三一上帝的神聖奧祕，因為這段話暗示了複數的位格，是「我們」而不是「我」。

聖經花了不少篇幅才完全揭露這無比奇異的真理，我們可以看完聖經的所有內容後再往回檢視，這樣一來，我們就能重新理解：上帝是無止境的愛與循環，祂的「三一」位格——聖父、聖子、聖靈（聖神）——既是三、又是一的完美結合，在永恆中相互成全。所以，當神在〈創世記〉第一章提到「照著我們的形象……造人」時，那意味著人類是按照神最真實的形象而生，也充分彰顯出祂的本相。我們既是由此原型而生，也是為此而被造。

好了，回到我們的核心探討。其實，「性」就是三一上帝充滿奧祕的表現，藉此訴說一個眾人從未聽過的、最偉大的故事：超過一位，卻又唯獨一位。

我們的身體，正訴說著這個故事。

這就是為何孩子與婚姻總是相隨而來。婚姻是兩人成為一體，孩子則是因「愛」與「一體」的滿溢而生。他們是形象的傳承者，是由愛而造的縮小版形象。

但是，我們終究要面對一個事實：我們出生於一個受到詛咒的墮落世界，這世界有許多不美好：不孕，婚姻破裂，孩子早夭。幸好，在耶穌裡，有許多早已為我們預備好的恩典與醫治。

我常想，不孕之所以這麼痛苦，是因為我們的靈魂對此回應著「不該是這樣」，而聖經教導了我們「應該是怎樣」。

我們的愛渴望著一個出口，讓它可以滿溢而出。在聖經中，我們清楚看見耶穌親自參與了救贖、創造、訴說他的故事……等大工程，而這一切，也發生於每個雙親家庭、單親家庭、不孕家庭、領養家庭的日常生活中。

對另一些人而言，那份滿溢而出的愛，則是延伸到工作上。既然如此，我們先看一下神是如何先成為永恆之愛，再行創造之事的——祂讓永不止息的愛浮現於天地之間、彰顯於日夜星辰之間，再延伸至動物與萬物身上，最終充滿在我們裡面。一切受造之物，因愛而生。

然而，我們的文化卻將工作「偶像化」了。有太多人因為工作而心力交瘁，在拼命工作的過程中，家庭與婚姻很容易便被犧牲了。但是，神聖的工作應該是源自愛的約定，而不是反過來為了工作而捨棄婚姻。在聖經裡，婚姻就是滿溢的愛所結成的果實，難怪聖經的開頭和結束都是「婚姻」，顯然那不是巧合，而是神的心意。

就像〈創世記〉裡的亞當與夏娃（厄娃）。

就像〈啟示錄〉（默示錄）裡的耶穌和他的教會。

如果你要將聖經做個摘要，那內容離不開這些：上帝創造。上帝尋找、追求祂的新婦。一群屬於祂的百姓。受邀與祂合而為一。這就是為何所有與愛相關的事物——那些約會、浪漫、婚姻、親密與性愛，以及因為深愛彼此而感到的脆弱與被愛的感覺——都不是關於我們本身；最終，我們都只是反映真實的投影而已。

## 真實的投影

多年前，環球新聞頻道（NBC）的黃金時段即將播出大型電視節目，為了這個拍攝計劃，我有機會到摩洛哥出差一週。其實，說這節目「大型」都算低估了，劇組人員在沙漠中央架設了日常生活的布景，我至今仍記得那一週在現場工作時所感受到的震撼，在幕後觀看節目拍攝的過程，真是太不可思議了！

我和同行的友人待在其中一個帳篷裡，我們在那裡戴上耳機，與分散在四處的各方人馬通話（導演、演員……等等）。我最享受的一件事，就是聽著導演指揮調度他的工作。當我觀賞電視上的影片時，我看到的只是最終呈現出來的成果；但置身片場，我搞懂了很多「為什麼」：為什麼導演會選擇某些角色站在某個位置，為什麼導演要他們以某種特殊聲調說出那些台詞，為什麼導演要選擇某一個拍攝角度——這一切，都是為了完成這個故事。

當下，一個想法浮現心頭：這不就像是**婚姻**嗎？布幕後有一雙看透全場的導演之眼，那是宇宙的造物主親自降臨人間，來到婚禮現場，輕聲細語道：「嘿，你想知道我看起來像誰嗎？你想知道我如何去愛嗎？你想知道我如何以人類之身來認同你嗎？想知道我長什麼模樣的話，喏，這是你的照片，拿去好好看吧。」

所以我說，隱藏我們裡面的終極之愛，就是真實的投影。一如那些各就各位的演員，或像我小時候打扮成超人的樣子，這些都指向一個真實的存有，而我們並不是真實本身。在當下我們確實是真實上場，但那始終不是終極真實本身。這說明了一件事：有一天當我們與神完整、徹底地結合，或許就不再有婚姻的形式了。當你最終與真實的存有面對面，自然就不再需要影子了。

那與我們同在的，就是上帝。祂的愛是最真實的存在，祂對我們不離不棄的尋覓，也是如此真實無偽。而我們的責任是回應祂的愛，也回應到祂身上。我們也由此慢慢學會：婚姻、浪漫情愛與性的意義到底是什麼，不帶條件去愛是怎麼一回事，為什麼無論如何也要去追尋，一再的寬恕有何意義，以及無條件付出與服事的真正價值。

十六歲那年，當車子停在教會停車場，而我在車子後座時，我清楚記得靈魂深處響起的微弱提醒。我知道我和另一個女生的所作所為是不妥的，那肯定不是我被造的目的。我撒了一個謊，對我的身體與生命撒了個瞞天大謊——好多年以後，我才完全明白過來，再慢慢檢拾這一路掉落的碎片。

在那段特殊的人生歷程中，我越來越認清一件事，原來這樣的「性」無法「傳遞美好的事」。既然便宜行事的性行為無法換取真愛，大家紛紛將其他事物與自己的想像填入這些空白處：

**愛是一種感覺。**

**愛是一則童話故事。**

**愛就是幻想破滅。**

**愛就是一段接一段的戀愛關係。**

但那都不是愛。

真正的愛，需要付出努力、承諾與許多時間的代價——因為唯有在這之中，真愛的深刻、美麗與奧祕，才能在投影與一片虛假充斥的現實中，突顯出尊貴的榮光。

**重點分享**

在神所啟示的健康關係得以完全開展之前，
我們必須先將膚淺、有害、虛假的關於愛、性、婚姻與交往的觀念與想法，
都徹底消毒一番。

第
2
章

# 你如此美麗

1世代樂團（One Direction）

## ✧ 艾莉莎的角度 ✧

你的自我形象會影響你的每一段人際關係，尤其是浪漫的愛情關係。

我曾經飽受飲食失調之苦，長達六年的時間。我的病況有個專有名詞，叫厭食症。我吐不出任何東西，有時候狀況極差時，甚至需要被送進修復中心去接受治療。那幾年我備受折騰，苦不堪言。你無法體會那種痛苦，除非你對飲食失調非常了解，或是曾經和我一起吃飯，否則你很難感同身受。

雖然如此，我仍深愛耶穌。

我在教會和校園內都是領袖。我禱告，閱讀神的話語，也相信祂。但是，當我面對自己的身體時，不曉得為什麼，我總會不自覺地將身體與靈魂分開。也許我認為應該如此。在現實生活中，這樣的靈肉分離，對我和身邊的人都是不可小覷的破壞力，重重擊潰了我的內心、思緒和靈魂，也同時傷透了周遭其他人的心。

女生們很容易將自己的身體與其他女性做比較——尤其是那些明星、名人，還有活躍於社群媒體的網紅。

我為什麼不像她們那麼漂亮？

我為什麼不能像她那樣瘦身成功？

她是怎麼做到的？

聽起來一點也不新奇。老問題，舊掙扎。我們實在應該好好對抗這些想法，那也是我每天都要做的事。我每天都要將這些亂糟糟的想法交給神，然後把真理——我在祂裡面的身分——再告訴自己一次，好讓我擺脫這些想法。是的，我真的很想擺脫這種反覆不停的自我宣告。而事實是，上帝愛我，祂賜我身體，使我能夠活著，而不是要我挨餓或節食減肥至死。現在，我比過去任何時候都還要明白一件事：我如何看待食物與我的身體，將大大影響我其他面向的生活。

結婚後的某一天，我一邊遛狗，一邊推著我五個月大的寶寶外出。毫無預警地，我突然發現自己想再度開啟那扇黑暗的大門。內心有個聲音說：「我就是想要再減肥，尤其是身體中段部位，還有大腿，還有臂部那裡。我現在就要開始健走，明天再跟著影片做些塑身運動。或許我該戒掉所有的甜食？還是在晚餐裡多加一份蔬菜？以後還是不要在外面吃東西好了……」

**不！**

「不不，我不要這麼做。我不想再進入那個地方，主，我需要你。」

我停下腳步，向神呼求。我不想再節食，也不想逼自己接受嚴格的進食計劃，或讓自己深陷「體態不夠完美，必須節食塑身」的謊言之中——那恰恰是撒旦要我去做的事，我知道那充滿毒素。那條路不會引我走向生命，而是將我帶往死亡。

〈哥林多後書〉（格林多後書）[1]第十二章裡，保羅（保祿）提及他如何多次哀求神，將他肉身上的一根刺除去，但是，神始終沒有這麼做。我們無從知道保羅身體的刺是什麼，但保羅稱之為「撒但的差役要攻擊我」。為什麼神不乾脆按著保羅的要求除去那根刺呢？既然保羅多次向神懇求，那顯然不是從神而來的東西。

節食和體態就是我肉身上的一根刺，這根刺還帶來了焦慮，聽起來很可笑，不是嗎？但那是我的功課。我這麼說並不表示我在其他方面沒有掙扎，我當然有！只不過節食、體態以及伴隨而來的後遺症，經常是我最大的掙扎。過去的飲食失調問題並不代表我整個人，但那確實是我的生命故事，而且至今仍深切影響著我。我仍在這方面反覆掙扎，然而，神已將醫治與自由帶入我的生命中，讓我在其中持續成長。

上帝對保羅的應許，是我最大的倚靠：「『我的恩典夠你用的，因為我的能力是在人的軟弱上顯得完全。』所以，我更喜歡誇自己的軟弱，好叫基督的能力覆庇我。」（哥林多後書12:9-10）

當我發覺自己多容易就再次跌入陷阱，讓我不敢大意，也使我對深陷同樣掙扎的其他女性朋友多了一份同理心。我不會輕率地說「走過就好了」，因為我知道那根本不是你可以「輕易就走過」的歷程。我明白，也能站在你的立場想。我會緊抓著神的恩典與能力，那是我僅有的一切，卻已經足夠。

祂就在那裡，與我同在。祂是得勝者。

我的希望都在祂那兒了。

在我們的人際關係中，自我認同扮演了不可或缺的重要角色。你如何看待自己，將深入影響你所有的人際互動，尤其是愛情關係。男生經常疑惑：**我夠優秀嗎？**而女生則常常質疑：**我是否值得？**如果這些發自內在的自我叩問沒有根植於耶穌以及他對你的評價，那麼，這些問題恐怕只會使你的人際關係越來越沉重——它們會迫使你不斷去證明自己，或趁你失敗時將你摧毀。那會使你變得強勢操控或過度依附，甚至可能導致飲食失調的問題。

在寂靜的深夜時分，你會問自己什麼問題？你以什麼答案來餵養你的靈魂？是用謊言還是真理？

## 渴求被愛的夢

我的父母非常深愛彼此，我自小就在這樣的家庭中成長。我的父親為了家人勤奮工

1 編註：本書中的聖經章名、人名與相關名詞，在首次出現時，皆採用基督教與天主教通用譯名對照的方式，以便教友閱讀。

作，工作之餘，他大部分休閒時間都用來陪我玩與協助家事。他為我們帶來許多溫暖與歡笑，總是想著接下來要說哪個笑話來逗樂我們。而我的母親永遠給父親最大的支持，以溫柔的言語來表達對丈夫最高的敬意，每一個特殊節日她都不會忘了精心預備和慶祝，為我們用心打造一處避風港與安樂窩。

父母無私的愛與彼此深愛的關係，使我擁有前所未有的安全感。事實上，大概在我六歲左右吧，我記得有一天，我父親和我坐在一塊兒，我聽見他答應我永遠也不會和母親離婚。那份承諾為我幼年的心靈注入一股極深的安慰與力量，而今，他們倆依舊深愛對方。

當我年紀漸長，我開始對父母如何相遇、相愛的故事深感好奇。我至少問了他們幾百萬次吧，因為我為他們的故事深深著迷，百聽不膩。每一次聽他們娓娓道來，我總能在他們的敘述中找到新的亮點，也喜歡看著他們用促狹的表情互相調侃。於是，同樣的故事經常出現不同的有趣插曲。

我的父親在二十幾歲時，在一家餐廳擔任烘焙師，而我的母親是新來的服務生。當她走進來時，父親馬上知道這個女孩就是他想要結婚的對象，但我的母親卻沒這麼確定。他們開始約會，不過根據母親說的，她那時並不打算和眼前這位男士相處一輩子。於是，父親只好退而求其次，和母親維持一般朋友的關係。

一年過後，他們和一群朋友參加了滑雪旅遊，而神秘的愛情火花就在那趟旅程中被點燃，回程時，他們已從普通朋友進展為男女朋友了。他們穩定交往了一段時日。不久，父親搬到另一州創業，開始經營自己的餐廳。他日以繼夜地打拼，幾乎沒有休假日。母親偶爾去探望他，但鮮少有機會一起外出走走，因為剛開始創業的父親老是有做不完的工作。父親與母親提議分手，他雖然一心想和母親結婚，但也坦誠告訴她，他實在不曉得接下來的兩年間有沒有空與她結婚。

兩週以後，父親問自己：「天啊，我到底在搞什麼？我竟然寧願選擇一份工作而錯過我愛的女人！我瘋了嗎！」於是，他打定主意結束工作，飛返加州，向他心愛的女人求婚。

在這樣充滿愛與安全感的家庭中成長，我深深渴望如此美好的事也能發生在我身上。我想要被一個男人追求、被他深愛，一輩子與他生活，擁有屬於我們的家庭（當我五歲時，我在萬聖節是打扮成新娘子呢！）。上幼稚園之後，我會寫充滿愛意的情書給小男生，在校車上把情書親手交出去。

我還記得第一次試著親吻我的第一位「男朋友」時，是在小學後院一個著名的大石頭上。那顆大石頭特別適合孩子們在那裡玩躲貓貓，當然也適合讓我們躲在後面玩親親！我記得當時被一群朋友圍繞，可惜小男友和我的動作太不協調了，我們錯過了彼此的嘴唇，連碰一下都沒機會！

接下來，我開始和我當時喜歡的男生講幾小時的電話，我甚至願意耗費一個世紀的時間心力來記錄我的戀愛年曆。我羨慕我父母所擁有的愛情，所以我也一心想要擁有同樣的美好關係。

年歲漸長，我發現周遭的朋友們開始約會了，在舞會中受邀跳舞，獻上他們的初吻；但看看自己，我依舊孤單一個人，沒有人愛慕我、追求我，而我那份渴求被愛的希望與美夢，逐漸凋謝、幻滅。

我開始拿自己與其他忙於約會的女生做比較。她們看起來都漂亮、苗條，不是熱愛運動，就是懂得音樂。她們身上都有些吸引人的特質。

## 陷入黑暗牢籠

高一那年的夏天，我開始認真跟隨上帝，這才發現我的一生應該是關乎祂，而非關乎我。從那次以後，我在情感這部分有所保留，也沉靜許多。我不再把過多的注意力放在男女情愛的追逐上。我愛上語文課，也在學校有優異的表現。我喜歡與人們建立一對一的互動關係，但並非要讓自己在男生中顯得突出或耀眼。

我已經知道了，我可以保有我可愛的性格，同時又以耶穌為生命的中心。但是，當我進入高二時，我覺得我必須做點不一樣的事，我選修有氧舞蹈，而且很快就愛上它。不久，我體重減了好幾公斤，也重病了好幾週。我對自己的新體態感到滿意極了，為了繼續維持身材，我開始留意有氧舞蹈班的其他女生，聽她們討論自己的體重、如何減肥等等。我很快就被吸引了，也跟著大家開始提高警覺，斤斤計較自己的體重。

我開始沉溺於體重計上所顯示的數字，以及自己應該達到的體重目標。每週減少一些重量是一件很好玩的事，因為我必須不斷去逛街買衣服，才剛買的衣服很快就因為太寬鬆而無法穿了。我認定「美女等於纖瘦」，於是我開始以為，我改頭換面的新身材一定可以吸引到男生。

數個月過去了，我的「完美」體型越來越瘦。原來的六號尺寸硬生生縮到四號，再縮到二號。我喜歡待在外頭，所以我開始想該如何以創意的方式盡可能減少進食。我沒有讓自己挨餓，其實我根本不覺得餓，而當時我的厭食症也尚未全面襲來，很快地，渴望讓自己看起來漂亮迷人、吸引男生的眼光，成為我越來越在乎的重要議題。

每次當我的人生面臨困境或挑戰，尤其是那些令我無法掌控的事，我就會轉向食物——或者應該說，我會盡可能避開食物，彷彿這是我生命中唯一可以掌控的事。

**超級難的考試要到了嗎？回頭去看你吃的東西。**

和朋友起衝突嗎？減低卡路里攝取。
不確定該上哪間大學嗎？不准攝取糖分。
情場失意而分手了嗎？只准吃沙拉。

當然，我也會轉向耶穌，祈求他幫助我，但是，當我一結束禱告，我會隨即在腦中擬訂一套飲食計劃與食物清單，設定自己該吃哪些、禁吃哪些等等。我太渴望掌控一切了！

我的好朋友常常要我多吃一些，我的父母也開始鼓勵我要多吃，他們發現我似乎已養成極不健康的飲食習慣，但我置之不理，覺得那根本沒什麼好大驚小怪的。我絲毫不覺自己正一步步走向自我毀滅的深淵。

這種狀況持續了六年之久——高中兩年到我大學四年。事實上，當我進到大學時，我的狀況比過去更糟糕。我生平第一次遠離愛我的家人與朋友們，獨自一人面對所有挑戰與問題。我結交了新朋友，而這些朋友對我的過去及掙扎毫無所知。我不再回到住宿親自下廚，我可以自由選擇吃什麼、不吃什麼，我也可以把食物打包帶走，根本沒有人真正曉得我到底吃多或吃少。這一切，唯有我和上帝知道。雖然我也會在內心深處自我檢視，但我不認為自己所做的事有多糟糕。

從外表看來，我是個愛耶穌的女生，我也真的愛他。我每天清晨起床，一邊喝咖啡一邊讀聖經，然後外出跑步，同時對他訴說我的心情。我是宿舍管理員，在查經班帶領宿舍女生讀聖經，我甚至還籌組短宣隊到南非去傳福音。但在我的內心深處，我一點一滴地枯萎。我感覺前所未有的孤單，彷彿無人了解我。沒有人知道我在想什麼——那些想法幾乎每個小時都在嘲笑我。

你太胖了。

看看你的大腿，太粗了。

難道你就不能像那個女生一樣，有個小蠻腰嗎？

看看她的手臂，簡直是完美啊。

今天不能吃餅乾了。

或許今天晚餐我只能吃一顆蘋果和一些吐司。

原則上，我想盡辦法和每一位我見過的女生比較。我該怎麼做才能符合標準？早上起床的第一個念頭就是當天該吃什麼。計算卡路里早已不是我的問題了，我想的是到底怎樣才能吃得更少。我沒有把這些可怕的想法告訴任何人，事實上我也不能說。我不想讓任何人知道我的不完美，我更不想讓別人發現原來我的問題很大。我的意思是，我在校園裡是個領袖，我怎麼可能告訴別人我真正面臨的難題？

我記得有一天吃完午餐後，我走上小山坡返回宿舍。我手上拿著一個袋子，裡面裝了一顆蘋果和一塊英式鬆餅。那是個晴朗的夏日，我的內心卻幽暗冰涼。不知為何，我忽然忍不住掉淚，但同時又開始想著當天要吃什麼。我彷彿被控制了，我無法不去想，根本停不下來。我感覺自己像是掉入黑暗的地牢，雙手用力拍打鐵窗，哭喊著要出去，但任憑我怎麼呼喊都無人聞問，只有地牢裡越來越黑暗……

我最好的朋友是唯一了解我所有掙扎與痛苦的人。其實我並未全盤告訴她，但她知道，她看得出有些不對勁。她為我祈禱，陪伴著我，和我一起流淚，卻從未批評、責備我。她對我展現了何為真理、恩典與憐憫。當我準備啟程前往夏威夷的茂宜島，開始我的夏季實習時，我們特別規劃共度一個週末。那時她問我狀況如何，我告訴她情況越來越糟糕，由於長期處於挨餓狀況，我的身體非常虛弱，幾乎不堪一擊。她為我禱告，使我能在抵達茂宜島之後，找到一位可以幫助我的心靈導師，是一位可以讓我放心傾訴和對話的人，使我慢慢跨出這個風暴。

神聆聽了我們的祈求。祂預備了兩位女士，幾乎是當下便走進我的生命中。她們根本不需要開口探問，她們愛我，為我保留開放的空間，使我能夠坦露一切掙扎與痛苦。

從高二那年至今，我第一次感覺自己似乎已經準備好談論這件事了。抵達茂宜島之後不久，我開始就診，醫生看著我，只說，你太瘦了。

就在那瞬間，我崩潰了。這些年我竭盡所能在外表上維持完美，想盡辦法去壓抑所有的掙扎，不讓任何人走進我的黑暗世界，咬牙獨自背負沉重的負荷，終於，我完成「目標」了。淚水潰堤，我也跟著崩潰了。我赫然醒悟，自己所做的一切，犯了罪。這一切不討主的喜悅，事實上，我所做的事深深傷害了祂。我是如此執著於我的外表，不顧一切想要掌控人生大小事，卻不曾在祂裡面真正平靜與釋懷。

對於那些持續不斷在我內心湧現的謊言，我完全相信**那就是我**，那就是我**該成為的樣子**，長期以來不疑有他。

你一點也不美。

你根本不配獲得男生的追求。

你可以控制所有事情。

你的衣著尺寸應該是——號。

你就是這麼孤單。

你沒有別的選擇了。

夠了。我不想再這樣下去，我要自由。我要徹底認清，即便我不具備這些外在條件，我還是一個很好的人。我知道我值得被愛。我要被醫治，我要讓自己從被威脅的想法中徹底自由，我要把自己的心思放在真實、正確而美好的事情上。我想要打從心底相信神，並且認清自己在祂心目中的真正身分。

就在那一天，我將自己飲食失調的問題坦誠告知其中一位室友。她牽著我的手，告訴我這一切終將過去，我們可以一起跨越這道難關。情況果真如此，一切漸入佳境。我其他三位可愛的室友陪我走過這場風雨。她們從不在乎吃下多少卡路里，也不盯著你吃的東西。對她們而言，斤斤計較食物的熱量是如此令人難以置信的觀念，她們熱愛食物，享受吃喝的快樂。我也開始跟著她們享受我所吃的東西。

我同時也尋求輔導的協助。這位輔導在高中時也曾歷經飲食失調的問題，因此，她完全能感同身受我所面對的掙扎和無力感。她不只為我懇切禱告，也透過具體步驟幫助我去解決這個問題。她也教我什麼是健康的飲食，因為當時我對攝取食物的觀念十分扭曲，急需有人重新教導我該吃什麼、該吃多少。

然後，我也如實告訴我的帶領者，一位年輕的牧師。要開口向男性說明這一切，是極大的考驗和困難，而他需要想辦法了解我在這方面的掙扎。牧師陪著我坐下來，他告訴我，女生所面對的飲食失調，就像男生陷入色情漩渦的困境一樣，都是難以自拔的成癮狀態，也都是心靈的爭戰，因為只要不說出來，就可以當成個人隱私而深藏心底。因此，男生面對情慾的掙扎，一如女生滿腦子想著節食一樣。這樣的類比為我帶來盼望的曙光，讓我知道我從未孤單，而醫治與自由指日可待。

## 完美的療癒計劃

當然，事情不會在一夜之間翻轉改變，但長期以來的掙扎開始一點一滴地鬆綁。我慢慢去體會與學習上帝對我的評價，慢慢學著堅心倚靠祂的真理，而非我那錯解的觀念。我終於明白自己是按著祂的形象造的，帶著美善與意義，反映了祂的形象。

我也越來越明白一個真理，上帝早在母親的子宮中便已形塑了我，我的被造是如此奇妙可畏。祂認識我，知道我，深愛我的每一個面向。我身體的每一部分都是祂的精心創作，祂從未把這些創造過程交付給不確定的幾率，祂從未對某個細節漫不經心，處處都精心設計。祂給了我一頭棕色的頭髮，綠色的雙眼。祂為我量身定制了剛剛好的一雙大腿，不管看起來如何，那是可以讓我自由登山、跑跳與踩著衝浪板的一雙腿。我的臀部顯然大了些，嗯，我相信這個設計總有其他理由，至少其中一個我可以確定的理由是，我丈夫傑夫很喜歡。

我也明白一件事，那就是聖靈住在我的身體裡，所以，我要把祂賜予我的這個身體照顧好。在基督宗教的文化裡，「身體與靈魂是分裂的，因此身體不屬靈」這種靈肉二分的偏差觀念是常見的論述，但事實不然，我們的身、心、靈是緊密相連的，也相互影響，而這整體的存在是充滿靈性的。

如果我不在乎我的身體，一整天呆坐在沙發上，不停地亂吃垃圾食物，那樣渙散的生活遲早會讓我得憂鬱症。如果我和伴侶以外的人發生性關係，不論我費多大力氣說服自己「那根本沒什麼大不了」，但事實是，我的心與靈魂還是會與那位婚姻以外的人產生連結。因為性愛使兩人成為一體，那正是上帝創造的本意。此外，如果我讓自己的身體長期挨餓，我的靈性也終究不得自由。這些都是環環相扣的。所以，我應該好好照顧自己的肉身，一如我珍惜自己的心與靈魂一樣。

有好多年的時間，我不斷想像假如我的身材如何如何、假如我的人生在這方面能掌控得更好，那麼，總有男生會來輕扣我的大門。但實際情況卻非如此，還正好相反！就當我把這一切過度在乎都放下、開始自由地生活時，有一個男生走進了我的生命中。能夠在開始約會時踏上療癒之路，並且在過程中深知這個真理——真正的美麗，在於耶穌如何看我，而非某些男生對我的評頭論足——我為此感激不盡。耶穌是我真正的安全感，我一切的認同都在他裡面。

我現在已經明白，神為我預備了一份完美的療癒計劃。在我的生命故事中，傑夫扮演了不可或缺的重要角色。他的愛、同理與溫柔的心，使我越來越明白，當我沒有按著上帝眼光來看待自己，當我錯過這份整全的美麗時，我其實傷透了天父的心。外表苗條纖瘦，內在卻不斷自我折騰，這簡直就是地獄式的磨難。外在保持健康與強壯，內在恆常保有自由與滿溢的恩典，那才是上帝真正的本意。

**重點分享**

雖然我們的過去不能定義我們，但不可否認，那些過去會持續影響我們，因為那是我們一部分的生命故事。我們的外觀並不能代表我們，事實上，我們每個人都是按著神的形象被造，我們的被造也帶著目的與意義，而且如此美好。我們反映出神的形象，而我們的盼望就在祂裡面。

第3章

# 在燃燒的房間裡慢舞

約翰・梅爾（John Mayer）

✧ 傑夫的角度 ✧

如果我們將某個重要的人視為生命中的所有與唯一，那我們終將節節敗退。

我記得自己第一次以**那樣的方式**評論一個女生的情景。我沒有把對方視為一個「人」，而是把她看成一個物品。我沒有把女生視為整全的個體，而是把她們身上某個部位看得比她這個人還重要。

我當時只有十歲，和我的中學死黨站在學校走廊上（快速說明一下：我小學時跳級一年，再加上我的生日剛好是學年結束的那個月，所以很多同班同學比我大了整整兩歲。就荷爾蒙躁動的青春期男孩而言，十二、三歲與十歲之間有極大的差距）。當某個女生從我們身邊經過時，我朋友開始對那個女生的身材發表言論，而那些上下打量的眼光和挑剔的批評，顯然是男生之間再正常不過的聊天內容。我當時非常困惑，因為不明白而無所適從。我的想法、身體與荷爾蒙尚未「開竅」到足以明白的程度，它們之間還沒連上線。

然而我也必須承認，就在那一刻，我的內在彷彿有一扇門開啟了；有一種好玩的感覺慢慢滋長，一時間我還不曉得該如何安置這種前所未有的感覺。我依稀記得某部分的我覺得這很齷齪，但另一部分的我卻享受這種微妙的興奮。那無疑是奇特新鮮的，一個十歲男孩從未察覺的某種內在快感，突然被「啟蒙」了。我想，那正是邪惡最強而有力的工具之一：在我們認識它、對它建立初步觀念之前，就已經被深深影響了。就我的狀況來說，我當時不覺有異，直到十年後，才驚覺這股破壞的威力有多強。

有一天，當我們來到二、三十歲，人生遭遇危機，婚姻關係也分崩離析，我們不懂人生怎麼會突然變成這樣。我們開始往心靈深處去探索，渴望尋找答案與療癒，就像困在暗無天日的密室內，期待有人可以為我們開燈照明。我一層層地探索，想找到解套的方法，卻被徹底困住，一抬頭，只看見一個十歲的男孩、一名裸體女性，還有電腦螢幕面對著我——當你苦尋不著出路，自然很容易被推入同一個籠子裡。

就在那一年——初熟的十歲——我開始了我的「學徒」生涯。

當然，我們一般不會稱之為學徒，但實際情況就是如此。事實上我們都是從過程中學到人生是什麼的。拿我個人的例子來說，既然父親缺席，我只能另覓他途。

這正是世界運作的方式。人生一旦啟程，某人或某件事便會推著你前進，成為你的老師，讓我們有樣學樣、慢慢成長。面對那些稍微超前的前輩們，我們有時裝酷不理，有時融入其中，有時想辦法迎頭趕上，最後發現他們做的事其實跟我們沒有兩樣。到了某個年紀，我們終會認清，無論我們多想要破除這個循環，終歸會回到原點。

比方說，我成長於低收入的社區，在那樣的環境中，沒有父親對大部分家庭而言是常態，而非特例。我很少在鄰居口中聽到「和爸爸踢足球或出去露營」的故事。每當我看見朋友和他們的爸爸在公園裡玩球時，都難掩內心的羨慕。年復一年，我看見許多怨恨父親拋棄家人的孩子們，發誓長大以後絕不像自己的父親那樣；然而當他們逐漸長大，進入青春期，也開始擁有自己的孩子之後，竟然一個個走回父親的老路，做出一樣的事，變成一個難解的循環。

像我這樣的男生，因為缺乏父親的陪伴，我們學會以別的管道去認識人生。我們從朋友群中聽聞「性」是怎麼一回事，在體育課的更衣室裡和死黨一起看手機裡的色情圖片。有些男生才十九歲就不小心成了小爸爸，卻拒絕扛起父親的責任，於是，他們讓那些小女生獨自撫養他們的小孩。這些男孩曾經發誓永遠不要像自己的父親那樣，卻一個一個都成了不負責任的爸爸。

## 偶像崇拜式的愛

為了給我一個住得好、穿得暖的生活，我媽每天拼命地工作，要我說，她可真是一位超級媽媽，然而，有些事是她真的很難做到的。在一個父親長期缺席的家庭裡，我沒有其他管道，於是，電視節目、學長的話、擠滿同學或朋友的更衣室，以及我所能接觸的任何廣告與文化媒體，就成了我青春期的導師，它們教導我如何對待女性、如何看她們、如何成為一個男人，還有我應該渴望什麼、應該變成什麼樣子。

如今回頭看，我發現是這些過程形塑了我對女性與感情的觀點。當我還是小男生時，我無能去處理這些或大聲問出來，而進入青春期後，我發現自己和這個年齡層大部分的男生一樣，很難開口和媽媽談論這些尷尬的議題。於是，我開始抓住所有看起來不錯或感覺不錯的東西。在我所接觸的文化裡，自我節制、自律或延遲享受之類的價值觀是令人不屑一顧的，我們所推崇的往往是相反的另一種價值觀：隨心所欲，想要什麼就可以得到什麼，大膽去拿就一定能拿到。

在欠缺父親形象的少年階段，一個男孩想要努力學習如何成為一個男人，就像剛學步的幼童嘗試去跑馬拉松一樣，那不是你能靠自己就完成的事。我們在成長時，本來就是要去學習那些走在我們前面的人，讓他們來指引我們。從文化的角度來說，那才是正確而理想的學習旅程。男孩從自己父親身上學習如何成為男人、丈夫與父親。

或許你從未意識到，父母之間的愛與健康的婚姻關係，對你的影響有多麼巨大而深刻。近距離觀察父母之間如何彼此相愛、互相付出、一起面對問題和解決困境的過程，這數以千計的時時刻刻向你呈現一幅又一幅夫妻相處之道，展示了婚姻生活的典範。

遺憾的是，我從未有過那樣的經驗。但從統計數據看來，顯然我並不孤單，因為，每四個十八歲以下的孩子中，就有一個是在父親缺席的家庭中成長。

所以對我而言，愛，不過就是予取予求；求取我想要的，也是一種利用。

顯然，我所以為的愛，其實不是愛。

數年之後，有一首歌在當時非常流行，叫做〈黑寡婦〉（Black Widow），歌詞一開始就提到，要熱烈地愛一個人，一直愛到對方恨你為止。那就是我學到的愛的方式——扭曲、廉價的假貨。

我投入的感情都充滿毒素。愛情對我而言就是毒品，而我則是無法自拔的癮君子。你是否也曾陷入其中？你其實知道那是一段糟糕的關係，卻無法自拔。你靠近對方，只為尋得一份滿足感與認同感——那是沒有人可以滿足你的，讓你覺得自己有價值。而你耽溺其中越久，越是難以掙脫。有時候你才剛大發脾氣，但幾分鐘後你們又和好了。事實上，那不過是一種偶像崇拜式的虛假之愛。和你交往的那個人，已然成為你膜拜的對象——你的男友或女友就是你所拜的金牛犢。

偶像崇拜式的戀愛，不太像愛，而像一種被煙嗆得近乎窒息的感覺。當你感覺窒息時，會慌亂地抓住任何可以救你的東西。那就是這種關係給你的感覺。

偶像崇拜式的愛是煙霾，而真愛則是氧氣。
前者帶來死亡，後者賜你生命。
前者是色慾，後者是愛。

當我們的愛淪為偶像崇拜式的愛，我們就會藉由愛情來定義自己，也在這段關係裡尋找自我認同。好像一旦失去這段感情，我們便一無是處，甚至找不到活著的理由與目標。如果我們的自我與存在意義都以某個人為重心，對方成了我們的**一切**，那麼，我們便註定失敗。

## 生命的中心

我和艾莉莎很早以前便達成共識，我們不將對方視為我們生命中的一切。我們倆都想要一個愛耶穌比愛配偶更多的人生伴侶。當耶穌成了你的所有，你將騰出很多愛的空間去愛另一個人，而且更懂得如何去愛對方。那種愛是自由的，而且出自真愛，因為你不需要任何回報。你愛另一個人，是因為耶穌先愛你；但在偶像崇拜式的愛裡，你愛另一個人，是因為你**需要**對方以同樣的愛來回報你。

對那些正在交往中的人，我要提出一個問題：如果你現在要跟對方分手，你的感覺是失去了男友或女友，還是感覺彷彿失去你的上帝了？

這兩者之間，差異甚大。

前者令你悲傷，後者則令你崩潰、一蹶不振。

前者還可以讓你繼續生活，後者則令你痛不欲生，無以為繼。

當然，如果艾莉莎忽然過世，我一定會悲痛欲絕，人生陷入混亂，甚至徹底被哀傷擊垮。

但是，我不會因此而失去盼望。

如果艾莉莎是我的救主與上帝，那麼在她離世的剎那，我也將萬念俱灰，斷絕了所有盼望。失去希望的後果，將使我在絕望的漩渦中越捲越深。

但我所跟隨的，是一位在死亡中救贖、在塵埃中看見美麗、在沙漠中開江河的神。也因此，耶穌要我們把自我價值與認同安置在他的裡面，而非交付給任何一段情感或伴侶身上——不論他們多棒、多優秀。原因無他，因為耶穌才是唯一不離不棄的那一位。我們的工作會被取代，我們的房子會被奪走，我們的伴侶有一天會死去，我們的男友或女友可能會與我們分手。然而，我們在耶穌裡所建立的價值與認同卻不會被奪走或消失，顯然，那是一份永不動搖的盼望。

所以說，如果你現在正展開一段愛情關係，這些想法不但重要，也意義非凡。因為，一旦某人成為你生命中的一切，想想看，你其實根本無法真正給出他所需要的一切。因為，一旦某人成為你生命中的一切，你將會過度依賴這段關係。你所能做的，只有被動的回應，而非主動的給予。

那種感覺，正是我人生第一次認真談戀愛時所經歷的故事。我必須承認，後果慘不忍睹，我們兩人都被重重擊垮。大一那年，我以為自己深愛對方，一心認定對方便是我理想的結婚對象。我當時還不是一個跟隨耶穌的人，我的生命沒有一個中心點讓我可以倚靠與付出。那樣的關係充滿毒素。當她做出對不起我的事、使我覺得很煩，或每天都做些一般交往中的女生會做的事情時，我會受不了而對她破口大罵。她的狀況也相去不遠。我們幾乎每天都吵架，我經常感覺受傷或憤怒，因為既然她是我所有的一切，我自然成了她的奴隸。她成了我生命的中心，一旦它搖搖欲墜，我也隨之毀了。

如果你讓耶穌當你生命的中心，而不是某個特殊的人，那麼，當他對你不好或使你不安時，你不是任何人的奴隸，你也不再只能被動地回應。你對自己的價值與認同從何而來非常清楚，也信心滿滿，於是，你能夠以恩慈、仁愛、寬恕的心來坦然面對。因此，原來的循環就能砍掉重練，使你能真正發自內心去愛那個人。

在過去那段充滿苦毒的交往關係中，有一點相當令人不解的是，我雖然拉著她一起墮落，但她父母的婚姻關係，卻是我生平第一次接觸到的美好婚姻。她的父母是信心堅定的耶穌跟隨者，十九歲的我親眼見證一段以耶穌為中心的關係原來如此令人嚮往。我看見他們如何溝通互動、如何愛他們的女兒、如何以身作則，帶出充滿恩典、慈愛與謙遜的榜樣。我也看見他們從未打擊對方，看見他們彼此扶持，相互表達愛與關切。

那是我這輩子令我眼界大開的一個經驗。在過去那段交往中，我很難不感覺羞恥、罪疚與痛苦，但如果說在缺憾中有任何恩典的話，那無疑是她的父母在我心中所留下的典範。他們的婚姻關係啟動了我內在的想望，我竟開始想要轉動車輪，往另一個截然相反的方向駛去。而這一切，就在我開始與耶穌同行之後展開，也在我赫然醒悟「哇，原來愛情可以如此美好」之後，於焉完成。

**重點分享**

以你的男友、女友或伴侶來取代耶穌，並視他們為你「功能性的救世主」，終將領你們走向希望幻滅的低谷。沒有人承受得了那樣的重負。當神掌管我們的生命時，我們得以更自由地去愛生命中重要的人，更好地為對方付出。

# 第4章

# 單身萬歲

A咖傑森（Jason Derulo）

✧ 艾莉莎的角度 ✧

等待是滋養信心的沃土。

我常聽到身邊有男女和女生約會，然後結婚。在成長過程中，我發現有一種「娶來當老婆的女生」——懂得玩樂但又有深度，比較安靜、沉穩的那種類型。

如今回頭看，所謂的「理想老婆」其實很不錯，但當年的我卻對此嗤之以鼻。那時我只想去約會，或受邀參加舞會。我腦袋裡有好多天馬行空的創意受邀法，譬如說，有男生規劃了類似尋寶遊戲的行程，帶著我繞城市一圈，在某個地方的草地上，他用十二打玫瑰排成心形，在那裡，他雙膝一跪，請我與他共舞……（好吧，我知道那看起來更像求婚儀式，但用這種方式邀我共舞我絕對接受）。遺憾的是，從未有男生邀我出去，因為我是那種只能當「理想老婆」的女生，光是這一點便足以讓大部分男生（哦不，或許是所有男生）將我排除在約會的名單之外。

高中時，我看著身邊朋友舞會邀約應接不暇，看著一段愛情開花又凋零。我聽了好多她們的故事：第一次與異性牽手，第一次親吻，還有那些男生用心安排的甜蜜約會，夕陽下散步，騎單車穿梭當地市集……

我告訴自己：「沒關係，等我上大學之後，我就會遇到我的真命天子。」而現在我必須承認，我不想只是約會，如果我要和某個人談戀愛，我是認真的。我在等待一個能令我真心讚賞、真正愛耶穌的男生。我指的不是那種週日去教會晃晃，或做些青年小組事工的表面基督徒而已，而是經常與耶穌對話、對神的榮耀充滿熱情、喜歡讀聖經的那種男生。我要找到一個會挑戰我的基督徒生活、會為我的生命益處而說出真理的人，一個會為我禱告的人。他會懂得珍惜我，在各方面成為我最好的朋友。我想跟他一起開懷大笑、一起探險旅遊，我想要一個值得信任、謙虛而誠實的人。

我想，既然我已經決定前往基督教大學就讀，那我應該可以在那裡遇見我未來的丈夫。當然，我還有別的人生目標，或許會為此而將原先的計劃表往後延一些——我想到國外深造，想加入長期宣教隊，想念碩士，還有取得「某人太太」的學位！

然而，大學三年匆匆結束，我依舊維持原來的單身身分；我取得大學文憑，卻沒能修成我的愛情學分，連個男朋友都沒有。我曾經和幾個男生有過短暫的「觸電火花」，但始終沒有任何結果。

我的第一次約會（也是這輩子最慘烈的一次）發生於大一那年。有一天的網球練習之後，對方問我是否想和他一起吃晚餐。我超級興奮，網球練習一結束，立刻奔回宿舍將自己打點好。他來宿舍接我，當我們走到外面時，他說他沒有車子，是走路來的。這完全沒問題，我了解，我也沒有車子。

走往餐廳途中，我們一路聊個不停。他問起我主修的科目，問我畢業後有什麼計劃。當時我還不確定自己將來要做什麼，但我有很多夢想可以和他分享：我想在畢業後到國外進修、我十五歲就夢想當宣教士、我可能會在以色列教英文，或在巴布亞紐幾內亞翻譯聖經。我分享的每一個夢想，他都這樣回應：「那太不切實際了吧！那些地方的人應該不需要這些。」打擊之一。

終於，我們走進了餐廳——一家速食餐廳。我們走到櫃檯點餐，而他竟然沒有點他自己的！他說來接我之前已經吃過了，然後像個紳士般慷慨地付錢請客。只是，讓一個男生盯著第一次約會的女生獨自吃下一整個漢堡，那感覺實在有點尷尬。打擊之二。

最後，在返家途中，我們努力想找出彼此共同的興趣或話題，例如想去的地方、喜愛的運動……等等。好慘，竟然連一個也沒有。實際情況是，他喜歡的我討厭，我熱衷的他不愛。我想，那至少我們在食物上可以有點共識吧？我問他最喜歡什麼美食，他竟回答「牛奶」。什麼？牛奶？誰會回答最愛的美食是牛奶啊？而且，我乳糖不耐症啊！就這樣，我被徹底打敗。

當他送我回宿舍時，我心裡慶幸終於結束了。千萬別誤會我的意思：那男生很不錯，當他還想進一步認識我時，我真的受寵若驚，但我覺得這段關係不會有任何結果。說起來很不好意思（也很羞愧），我後來一直避著他，避了好幾個月。當他來找我時，我躲在廁所。當他好意留言，我沒有回電。唉，我知道我很差勁！

更糟糕的還在後頭。我後來覺得我的態度實在不對，想做些彌補，但當我們在校園碰到時，他那雙怒瞪的眼神簡直是殺氣騰騰。我試著跟他打招呼，但他故意忽視。我感覺糟透了，我發現自己需要在人際關係上多多學習，或許先從善待他人開始，學習向對方表達仁慈與寬厚。

還好，我也有過幾個不錯的約會經驗。有個男生帶我到水上公園，玩得很盡興。他是我所見過最體貼的男生，但發展到某個階段，我知道對他而言，我不是最有吸引力的女生。還有另一個男生追求我長達數個月。當我在外地念書時，我們互通電郵，聖誕節時他會來探望我，在春天時他帶我到迪士尼樂園玩。然而遺憾的是，不知不覺間我們的生活步調漸行漸遠。其實我是喜歡他的，他身上有太多我所期待的特質，但事實上我們是屬於兩個不同世界的人。

在我畢業前的那個夏天，我協助帶領一支為期六週的短宣隊到南非，成員都來自我們的大學，任務是教導當地村落的小學生英文。當時，有個叫凱爾的男生引起我的注意。他喜歡搞笑，有他在的場合總是笑聲不斷，他對生命充滿強烈的熱情，富有同情心，很懂得和孩子相處。我們偶爾也有些深入的談話，激發我去思索有關生命的議題。基本上，他可說是我現實版的夢中情人。

然而，我卻刻意與他保持距離，因為我猜想他應該早有女朋友。我無法百分之百確定，但我不想介入任何沒有結果的愛情關係中，也不想把心思投在「死會」的人身上。

抵達目的地約翰尼斯堡之後，情況和我們原先的設想完全不同，幾位從未休假的老師們紛紛在此時請假——放下他們的班級，交給我們這些只能當助教的人全權處理。於是，所有隊員都要進入不同班級教書，每班從三十到五十人不等。當地的孩子幾乎不會說英文，沒有一個孩子可以安靜地聽課，顯然我的輕聲細語鎮不住這群孩子，場面一團混亂。我在當地街上所目睹的悲慘生活條件與一幕幕慘劇，更加劇了我內心的痛苦。我感覺心力交瘁，而且極度想家。

凱爾很快就成了我的騎士。當我身心俱疲時，他是我的明燈。我每天都迫不及待想從授課的地方趕回住處，只為了跟他一起聊天。如此相處下來，我越來越喜歡他，他的個性與特質完全符合我心目中理想伴侶的條件。唯一不確定的是，我仍不知道他是否有女朋友，但有時候我會一廂情願地期待他身邊沒有另一個「她」。

然而事與願違。短宣隊結束前兩週，凱爾開始提及他的女友，還提了不只提一次。後來他承認，他原本不想提起女友，因為我們的短宣隊裡除了兩名男生之外，其餘都是女生，他覺得應該多為其他人設想，大家也應該把注意力聚焦於宣教工作上。我一聽，整個人幾乎崩潰了。為什麼不早說呢？我寧可他一開始就不斷提說自己有女朋友的事！至少在我對他動心**之前**！當短宣隊結束時，我們互道再見，從此再也沒有他的消息。

接下來的整個夏天，我完全心碎了，我無法想像還能去哪裡找到一個像凱爾如此完美的男生，而這麼一位優秀弟兄卻不屬於我。我後來回想，覺得他似乎也對我有些好感——好吧，那應該只是我自作多情而已。

我唯一能找到的療癒出路，便是祈禱。藉由禱告還有大量的跑步，幫助自己走出失落的深淵。此外，我也聆聽菲爾・威肯（Phil Wickham）的音樂，一天之內反覆聽好幾次。那次的情感受挫經驗，提醒我要認真為未來的丈夫祈禱。每當我情不自禁又想起凱爾時，我便簡短而快速地為他禱告，然後也為我未來的丈夫禱告。坦白說，我過去也曾為自己未來的丈夫禱告，但從未像此次這般認真而嚴肅。在這段求而不得的過程中，禱告是唯一使我撐下來的途徑。「單身」從未像此刻這般令我心亂如麻。

我身邊的朋友們開始進入穩定的交往狀態，有些已經訂婚了。我最好的朋友也在那年夏天結婚。我對自己的一生有許多想法與計劃，我要在高中時努力讀書，找一份好工作，到加州上大學，四處遊歷，然後結婚。僅止於此。我從未想過結婚後的日子會是如何，也從未認真思索如果我繼續維持單身，我要過怎樣的人生。而今，我最真實的狀態是，再一個學期就大學畢業了，而我依舊連一個男朋友都沒有。

## 讓自己被看見

失望的感覺無比沉重，但每當我為未來的丈夫禱告，我的心裡就有了希望。那種感覺，彷若聖靈一路引導我，教我在確切的時刻為我未來的丈夫禱告。生平第一次，我不只是為他的特質、為我們將來在一起的生活禱告，我也為他每天所面對的生活狀況禱告，為他的品格與內心禱告。我知道上帝開始在那個夏天以強而有力的方式介入他的生命。我確知自己的禱告不只是話語的堆疊，而是一句又一句被神垂聽的真實祈禱，而祂正著手做些美好的事。

那年夏天對我而言最美的收穫是：我第一次如此深刻地明白，專心等候神是怎麼一回事。你知道那是什麼樣的感覺嗎？有時候你覺得自己連再多等一秒都不行，有時候你覺得你未來的丈夫再不出現，你恐怕就要緊繃得窒息而死了。我一直在等候上帝，年復一年，等祂垂聽我的祈禱，將他帶進我的生命中。此外，我一邊等待，一邊也實實在在地**做了些事**。我不是被動地呆坐在那兒，而是以主動的態度來等待。或許別人會以為我沒有任何具體行動，但在我內心，我是以行動來回應我的希望、等待時的煎熬，以及我深切的想望。

禱告可以是一件有趣的事，有些人會覺得那只是自欺欺人，因為祈禱需要信心作為根基。有時候，當我們沒有得到立即的答案，禱告看起來便顯得毫無意義，好像神根本沒在聽。禱告需要耐心、毅力與盼望。而我可以跟你保證：神會聆聽每一個公義的禱告。

我們太習慣把事情攬在自己身上，因為我們看不見神在工作。你或許會想：「我實在等得夠久了。我真的需要自己做點什麼。」因為你沒**看見**任何事情發生，便覺得一切終歸要自己來做主，於是，你決定主動出擊去追求男生，而非等著男生來追求你。我必須說，如果你已進入一段穩定交往的感情中，你這樣做我完全同意，但你如果尚未開始，請稍安勿躁，耐心等對方來追求你。

如果那個男生真的對你有興趣，他終究會採取行動，主動追求你。反之，他若對你興致缺缺，即便你再努力也徒勞無功，就像電影《他其實沒那麼喜歡你》（*He's Just Not That Into You*）演得那樣。我喜歡這部片子，因為太寫實了。如果一個男生喜歡你，他會赴湯蹈火只為討你歡心。但他若對你無意，他會事事都提不起勁兒，不想給你任何承諾，常常令你擔心猜疑。我不是要你坐在角落等著他來找你——坦白說，我們都知道那種浪漫情節幾乎不可能發生。事實上，你可以走出來，讓自己被看見。

讓人知道你、認識你，一如聖經中路得（盧德）所做的那樣。路得在波阿斯（波哈次）的田裡拾穗，有一晚，她直接進入波阿斯的帳篷，請他盡至近親屬的本分來照顧她、與她成婚（這個傳統在現代已經徹底消失，因為現代女性不再需要男人當親屬來保護她們）。你可以學習路得的榜樣，讓別人知道你仍然單身，讓別人發現你：出現在他常去的足球場上。考試時，烤一份藍莓鬆餅幫他加油打氣。如果他在餐廳打工，安排某個晚上和你的好友去那家餐廳用餐。如果他走上前來跟你要電話號碼，大方告訴他。如果他邀你外出約會，大聲說好！

走出去讓別人看見你、認識你，和直截了當、毫無保留地追求一個男生，是徹底不同的兩回事。一天到晚傳簡訊給他，一有空就找他視訊聊天，主動打電話的人總是你。約他外出，請他到你的住處一起吃東西。你對他的愛與日俱增，他卻依舊我行我素，樂得被愛被寵。他享受你陪伴的溫暖，可是一旦身邊出現令他動心的女生，他會毫不猶豫地轉身追求他的真愛。屆時，你只能落得傷痕累累，滿腹委屈與困惑。

另外，凡事自己來主導，有時候也意味著我們妥協了。有個男生敲你的門，但其實你並不那麼喜歡他。或許你以為自己喜歡他，也可能你只是欣賞他。理論上他具備你所欣賞的所有特質，但他不曾為你準備任何玫瑰與彩蝶紛飛的浪漫與驚喜（當然不一定要是玫瑰與蝴蝶，不過，偶爾也要精心設計一些令你感動的情境吧！）。有時候這樣的事情需要時間來醞釀，但如果自始至終從未發生，那麼，恐怕凶多吉少了，最好還是把他歸入「朋友圈」比較穩妥。

也或許他不是最適合你的那一位。或許他是個好人，也有一份好工作；當他追求你時，你受寵若驚，但你的朋友和家人旁觀者清，看到了一些警訊。其實你也瞥見了一些不妥之處，但你置之不理，原因無他——你實在等太久了，不想再錯過。也或許是他實在太帥氣迷人，你完全沉醉在他出眾的外表和他所帶給你的感覺中，而他也傾心於你，那還考慮什麼呢？就是他了！

你想過嗎？凡事操之在你，其實是一件滿可怕的事。當我們把神排除在外，一心想要掌管自己的生命，那就像夏娃在伊甸園裡的所作所為。她不相信神，懷疑神的愛，也質疑神所承諾的應許。夏娃轉而相信撒旦的謊言，然後決定自己全權處理這件事，緊接著，「罪」進入了這個世界：

羞恥。

恐懼。

悖逆。

仇恨。

漫長等待是困難的。我等到二十一歲才開始約會，等到二十五歲才結婚，對我而言，那過程確實很辛苦。但是我身邊有些好友等得比我還久。不管你的等待有多久，請把那段等待當成相信上帝的機會。等待也是個讓信仰與信心增長的機會，相信神的應許終將毫無保留地賜予我們。那不是要你什麼也不做，只坐在那兒看電視，直到神為你做些驚天動地的事，絕非如此。

你相信神真的愛你嗎？你相信祂會為你預備好嗎？你相信祂至今仍掌管一切嗎？你相信祂是全能、而且有能力做任何事嗎？你相信祂在你生命中的每時每刻都以祂的美善與恩慈來追求你嗎？[1]你相信祂了解你的心、知道你的渴望，也垂聽你的禱告嗎？

有時候，單身的日子輕鬆得像一陣迎面而來的春風。你做得很棒！你熱愛生命，愛你所做的一切，也愛你所陪伴的朋友們，你活得滿懷朝氣與希望。但有時候，你會忽然覺得自己連多走一分鐘都不行，因為你實在等得太久了，抬眼望去，眼前彷彿只有一片荒漠，其他什麼都沒有。

不論你置身哪一種情況，神都在召喚你相信祂，希望你更深入地認識祂。

## 最美好的禮物

我參加過一個在夏威夷瓦胡島舉辦，專為各個年齡層的女生所舉辦的研習會。我很榮幸能和我的先生傑夫同台演講，還能坐在臺前聆聽其他演講者的精彩分享。勞倫・戴格爾（Lauren Daigle）是週末聚會的敬拜主領。我在後台遇見她和她的母親，我們相談甚歡，很快就成為好朋友。她是我這輩子所見過最酷的女生，如果我們住在同一個城市，我肯定想要和她成為無話不談的好朋友。

研習會上，勞倫與其他幾位女性講師負責問題解答的部分，其中，勞倫最常被聽眾問到的問題是，她如何「處理與面對」二十幾歲初期那段單身的日子。她分享自己來自一個人人早婚的城市，在她居住的地方，許多青少年在十六歲就開始計劃他們的婚禮，女孩們高中一畢業便紛紛披上婚紗。她所有的高中朋友都結婚了，後來她搬到田納西州，開始結識一些單身朋友，但她們現在也都結婚了。

我可以想像，一個知名歌手不斷遊走各地、參與演唱活動，想要停下來好好認識一個人簡直難如登天，要找到一個真正愛你而非貪圖你名人光環的男生，更是難上加難。談起那段單身的日子，勞倫說，那是她與上帝建立深刻親密關係的最好時機——只有她與耶穌，兩人親密同行。她有更多時間親近神，明白祂的心意，更深地認識祂，讓祂自由向她說話。當勞倫分享那些走過的點滴時，聽得我怦然心動，說得太好了，沒錯！

令人遺憾的是，在基督教的文化裡，我常感覺我們過度高舉婚姻，已經抬高到偶像崇拜的地步了！有誰想要成為基督徒典範，就非得結婚不可，只要你單身，那就表示你離理想目標還很遠。原因很簡單，只因每一個人都那麼期待。

然而，已婚日子和單身日子是同樣美好的。不論單身歲月會持續多久，那也都是美麗的時光。一如婚姻生活，單身的人生也有高低起伏，優勢與缺憾。如果你是一個渴望進入婚姻的單身者，請容許自己有些哀傷的時間。不是為了失去盼望而哀傷，而是為了

1 約伯記（約伯傳）42章2節。

夢想尚未成真、事情沒按著你的時間表走而失落。神知道你的想法，祂了解你內在深切的想望，這本來就是出自於祂的美好想望。即便夢想遲遲未曾兌現，但至少有一天，我們終究會在天堂那裡實現這份想望——因為我們將在永恆的國度裡與羔羊一同享有榮耀的婚宴！祂是我們真正的良人，你可以向祂表達哀傷之情，也可以對祂傾吐心意。表達哀傷是件好事，有時也是必要的事。

回頭來看勞倫的故事。她早已定義自己的單身歲月是奔向上帝懷中的絕佳機會，於是，她以前所未有的方式敞開自己，深刻地認識祂、與祂連結；那樣親密的關係，恐怕結婚後也難以企及。神正在召喚你排除萬難、單獨與祂同行。

我的意思不是說，只要你與神親密同行，或是把對婚姻的欲求排除掉，神就會把那個男人帶到你面前（當然，祂可能會這麼做，但也可能毫無動靜）。重點是，祂要將你這個獨特的生命與其他事物分隔出來，親自成為你的上帝，並召喚你進到水深之處。那是真正的喜樂，也是為我們每一個人量身定制的禮物——不論是單身或結婚，離婚或守寡。無論如何，我們有耶穌，你再也找不到比耶穌更美好的禮物了。有了耶穌，你便擁有了一切，因為他滿足了所有。

傑夫是個很棒的丈夫，但即使是他，也不能使我變得完整或填滿我的心。當然，我很享受與他共處，我熱愛與他共度一生，但唯有神能滿足我靈魂深處的每一部分。祂以喜樂來充滿我，深知我的每一個想法、言辭與行動。祂是我唯一的靈魂伴侶。有一天，當我的人生走到終末時，不管曾經發生何事，不管你的心安置何處，你都可以安然自在，因為你確信那位萬王之王是如此深刻地愛你、重視你、珍惜你。祂了解你的所有，以一種你不曾探觸的深度、不曾被如此恩寵的方式，來愛你。

當你繼續等候時，你可以讓祂的盼望成為你靈魂的倚靠。那份盼望，是祂與你同在，祂要你，祂愛你，祂為你甘心付出。那份盼望是祂聽你的禱告，而且一心對你好。我總是抓著〈詩篇〉（聖詠）八十四章十一節的應許：「因為耶和華神是日頭，是盾牌，要賜下恩惠和榮耀。**祂未嘗留下一樣好處不給那些行動正直的人。**」

神在每一天的每一個時刻給我最好的一切，祂從未保留任何好東西不給我。如果我在某些時候仍有些東西不可得，那是因為它對我而言恐怕不是最好的。我所需要的一切——那些美好的、艱辛的、不舒服的、尋常的事物——我都已經擁有，也都是為了我的好處而存在。

同樣的，神在**此時此刻**就要給你最好的一切。你可以相信祂在你生命中所要做的好事。祂正為你書寫一篇好故事，那不是任何人的故事，而是你的專屬故事——獨一無二、美麗非凡。也許你不覺得美麗，或故事內容不如你的預期，但沒關係，只要你把一切主權交付給祂，祂終將帶你進入你未曾想像的喜樂滿足之中。你身邊的人會見證那份發自內心的喜樂而紛紛為你讚歎：「哇，你的上帝太不可思議了！」

## 等候，也可以精彩

不過老實說，我們其實並不常有那樣的美好體驗，大部分的情況是，我們總是一次又一次與夢想和渴求擦身而過——不管是短期、長期，還是一輩子。是的，有些人一心渴望進入婚姻，卻始終無法在今生如願。在單身的王國裡，每一個人都像雅各（雅各伯）與天使摔跤那樣，不時得和難以言喻的壓力正面交鋒，將它摔倒在地。對某些人而言，神要你明白，你不需要將你的人生成敗全然交由婚姻來定奪，你此時此刻就可以活出精彩的生命。神對你的單身人生有一份期待、夢想與計劃，那不是進入婚姻能成就的計劃。婚姻不是目標達成的終點線，耶穌才是。

我知道，有些人至今仍渴望一個歸宿，至今仍在殷殷等待。當你一邊掙扎著相信神的應許，一邊冀望神為你做事，其實，你可以祈禱。你可以帶著所有問題和難處，坦然來到神的面前，卸下你每一個重擔，把你的創傷、痛苦、企盼與夢想，以及至深的渴望，通通告訴祂。

放膽向祂呼求，然後向祂獻上感謝。將你潛在的丈夫帶到祂面前，懇求祂塑造你成為祂期待的樣子。為你未來的配偶禱告，為他們的內心、品格、想法與他們的希望禱告，也為他們能得醫治與健全禱告。你將藉此參與神在對方生命中建造的大工程，那肯定不會徒勞無功！

我的心靈導師告訴我，這段殷切等候的時期，不論你為何而等、因而何等，跟永恆的生命比起來，都顯得微不足道。就像你從手上的一整團紗線中拉出五吋長的線，這一小段就是你現階段等候的時日，而其餘的整團紗線則像永恆。和永恆一比，這番等待真的極度微小。我知道這個言論你現在或許很難真實地感知，但事實便是如此。不論你結婚與否，不論你的渴望是否在今生今世得到解答，所有的等待終將過去，很快就結束了。放心。

當你一邊等候、一邊盼望與相信上帝，請你把生活過得精彩而踏實。當你踏入上帝為你書寫的故事之中時，不要枯坐一旁，讓時間與生命轉瞬消逝，因為那可不是你理想中的生活。跳進來，懇求上帝為你做一些超乎你想像的大事。[2] 出去走走，到處看看，檢視一下你這一生想要完成的目標清單。

沒有人生目標的清單嗎？那現在就列出來吧！

2 以弗所書（厄弗所書）3章20節。

如果你不曉得清單上該放什麼內容，求主幫助你探問自己的內心，也求祂幫助你勇敢做夢，踏上冒險之旅，去祂要你去的地方。你喜歡做什麼？你會為什麼事而熱情燃燒？你有亟待完成的雄心壯志嗎？有沒有什麼事是「不做會後悔」的？

你想環遊世界嗎？開設自己的部落格？創業？養一隻狗？觀賞某個樂團的一場演出？和朋友一起學某個新技能？學烹飪？學手作家具？到某個城市定居？領養孩子？完成大學時的夢想？取得碩士學位？去花市走一趟？去吧！還等什麼呢？現在就是了！

開始存錢，找一些人來幫助你，教你如何理財規劃。向長輩或智者請教如何創業。參加類似的課程，申請這方面的學校就讀。書包收一收，開始行動吧！不能只因為心裡有所等待，就任由你的人生漫無目標地蹉跎度日。找出神在你心中放下的計劃，努力付諸行動。祂一路與你同在，你不會感覺孤單的。

我在單身時努力完成了許多想做的事，我一直對此滿懷感激。我是個平凡的做夢者，心中有一長串亟待完成的人生目標，因此，能見證上帝為我成就這些美夢，可說是我人生中最棒的一件事。我有機會壯遊歐洲，在以色列學習，騎駱駝，與海豚悠游海面，在孤兒院當志工，完成大學課程，帶領女子查經班，攀登優勝美地，開吉普車闖蕩夏威夷，在大學參與運動（那是我避之唯恐不及的，但還是得去！），還要學習烤蘋果派。我為這些不同領域的學習過程感恩不已。即便我當時對婚姻仍滿懷憧憬，神還是在我單身時以如此美好的記憶與體驗來祝福我。我之所以成為今天的我，部分來自過去那些經驗，其餘那些美好的學習與記憶，則是神用來向我顯示祂如何了解我、並滿足我心中想望的恩典。

所以儘管放心，這些耐心等待從來不是徒然的。這一路的漫漫守候，從來不失盼望，你也可以毫無保留地向那份盼望敞開你自己。不要害怕、失望或沮喪，不要擔心是否會尷尬或難為情。你的神必會在前頭引領你，也在你身邊，與你同在。

**重點分享**

神還在持續書寫你的故事，而且是一個好故事。不論發生何事，不管你的心安置何處，你大可安然自在，因為我們確知，那位萬王之王是如此深刻地愛我們、重視我們、珍惜我們。

第5章

# 虛假的愛

德瑞克（Drake）

### ✧ 傑夫的角度 ✧

我們害怕被看透、被了解，竟不曉得那正是喜樂之源。

十三歲那年的某日，我騎著腳踏車經過附近社區時，幾張掉落街邊的紙頁吸引了我的目光。我停下腳踏車，彎腰撿起，原來是一本被丟棄的雜誌。一翻開，我生平第一次看到世上最具毀滅性的東西——色情刊物。

當然，和許多人比起來，十三歲才接觸色情畫面已經算晚了。隨著色情內容的取得越來越容易，接觸色情資訊的年齡層不斷創新低。根據目前最保守的估計，第一次看到色情資訊的孩子們，平均年齡大約十一歲，時至今日，可能還要下修到八歲左右。這麼說吧，當他們第一次接觸色情資訊時，有可能還沒換牙呢！以我來說，從那時開始，我就想盡辦法去買或找機會搞到這類刊物。沉迷其中的狀況一直持續到大學中期。我當時的狀態完全就是「成癮」，但這個詞實在令我難為情。十幾歲的少年時期，幾乎每個我認識的男生都毫不避嫌地看跟討論黃色話題，跟討論當天吃什麼午餐一樣。現在看來，那確實是一種成癮的力量，只不過當時大家沒有普遍使用「成癮」這個詞。

我在大學開始認真跟隨耶穌之後，發現自己必須面對一個事實：**我的受造，絕不是為了扭曲的性**。耶穌在福音書中好幾次直接提及神對性的旨意，那是再顯然不過的原則。我知道自己需要砍掉重練，我越是反省和檢視這段扭曲觀念的源頭，就越想終止這個沉迷色情的惡習。

我必須承認，長期沉迷於色情資訊，已經在不知覺間影響了我的性格。我變得非常自我中心，而且脾氣暴躁，對女性也產生一種可怕的物化觀念，與艾莉莎交往之前，我幾乎在每一段感情中都浮現或實踐了那些不好的想法。

我不願承認，但又不得不說，色情資訊徹底改變了我，一如毒癮患者所經歷的無法自拔。這些東西改變了大腦的可塑性，進而全面麻木你的多巴胺中心，使它變得魯鈍。當人們瀏覽色情網站時，多巴胺的數量會激增，那會使大腦跟著多巴胺的激增程度而反應愈發遲鈍，那意味著接下來需要更多更強的刺激才能「激發性趣」；也難怪到後來，一般性行為已經無法滿足那些人的慾望，也激不起他們的興趣了。

也有許多證據顯示，這些色情內容使大腦萎縮，最近有一份哥倫比亞大學的研究報告更是指出，被毒品刺激而有反應的大腦區域，通常跟觀看色情內容的大腦反應一樣，換句話說，毒品刺激與色情刺激，都同樣會使大腦內的程式被重新設定。

從某個角度而言，這個世代是色情產業的白老鼠。我們無法掌握色情資訊對自身的危害與衝擊有多大，因為我們是第一個可以隨時隨地自由接觸色情網絡的世代。想想看，幾乎每個人口袋裡都裝著一台小小長方形的閃亮螢幕，可以隨心所欲地連結上網。

我是網絡時代的第一代，事實上，我對「無網路」時期的那些時日毫無印象，因為我一直「機」不離手，任何時候都想要上網，任何需求都可以簡化成一串網址或搜尋的關鍵字，然後，你所需要的一切資訊瞬間便攤開在眼前。我高中畢業之前，臉書、推特或YouTube等社群媒體都已經很普及了。

我現在的主要工作是拍攝影片和經營YouTube頻道，其中有些影片涉及性的議題，所以我掌握了一些第一手資料，知道人們上網的習慣，也能近距離觀察他們如何在網路上面對這些問題。我們必須承認，在現代社會中，色情與科技早已滲透到人與人之間的關係裡，而且短時間內沒有任何減緩的趨勢。我有一位朋友投入「反對性人口販賣」組織，他最近告訴我：「我們正養成一個剝削性產業、卻又不斷開發性產業的世代，那是歷史上前所未見的『盛況』。有沒有想過，這些從小就被色情資訊淹沒的人，當他們年紀漸長，開始經營事業、管理一間公司、成為下一代的領袖，他們會對這個世界造成什麼樣的影響？」

我想起幾年前發生在俄亥俄州的斯托本維爾（Steubenville）高中的強姦案。這樁震驚當時的案件，涉及幾個高中橄欖球隊隊員，輪姦一個在舞會中喝太多酒而不省人事的十六歲女生。在開庭審理案子時，有一段實況錄影，清楚顯示那幾個男生在強姦前數小時的行徑——他們粗暴地抓住那個意識模糊的女生，用最難聽的話辱罵她，將她撿起來再丟向四周。純粹的邪惡之舉。

在這個案件中，有兩件事是顯而易見的。首先，對那群施暴的男生來說，那個女孩不是一個帶著上帝形象的個體，而是可以被物化和使用的東西，只要自己喜歡，就能隨便傷害以取悅大家。他們把那個女孩貶低成一個東西，而不是人。

第二，有些參與犯案的青少年指出，他們不覺得那是「強姦」或「有那麼糟糕」，因為那個女生沒有抗拒，也沒有說不，所以他們不覺得整個過程「哪裡有暴力」。顯然他們認為她的存在就是為了取悅他們。他們的邏輯很簡單：既然那不是暴力行為，那為什麼不能隨意拿一個女生來玩玩呢？有什麼不可以嗎？事實上我們不難理解，這群人長期以來已經被培養成這種思維模式，我幾乎可以確定，如果你有機會登入這群高中生的網路瀏覽記錄，色情網頁肯定是他們數年來慣常搜尋與流連之處。

色情資訊是癌症。它不管對靈魂、婚姻、人際關係、工作與個人生活，都有著明確而顯著的殺傷力。在過去三至五年間，許多研究報告不約而同指出，色情與科技，就像我們的智慧型手機與社群媒體，都大幅度地在我們的大腦中進行重組，同時擾亂大腦內的化學層面。想想看：面對色情與科技，情況早已不是我們主動選擇去做、去接觸，如今，主動權在它們手上，我們已被制約了。這是一點也不誇大的事實。

如果說這個世代正在重新塑造人性，其實一點也不為過。我們現在是從本質上對人類進行大改造，而我們在這過程中必須擔負的最大風險——不只是色情或科技，也包括它們之間的相互影響——無疑是親密感的終結。

這正是我所說的，色情的毀滅性力量不容小覷。色情與親密感是永遠對立的兩端，它本質上便具備滅絕一切真愛與親密感的力量，而真愛與親密才是我們被造的目的。真實無偽、託付生命的親密感，因為真情流露而備感脆弱，赤裸裸而毫無保留，知道自己被真正地了解、也深切地被愛——這些色情一個也做不到。

親密關係建基於信任之上。真正的親密還包括「交流」。有人付出了自己在情感上脆弱的一面，另一人則重視這份脆弱，然後以真情回報，就這樣開啟了美麗的循環。這樣的情感結合是獨佔而隱藏的，只容許兩人之間彼此守候，僅止於兩人之間的世界。反之，如果這段關係裡的其中一人瞞著對方，透過色情網站或類似管道讓其他人進入兩人世界的空間，原屬於他們的親密連結將會瞬間坍塌。成千上萬個女性臉龐與裸體，就這樣被帶入許多夫妻的房間裡。

親密感在本質上需要真情流露、坦承自身的脆弱，那是色情所無從給予的。色情只需要一個人，而非兩個人之間的交流。色情所面對的是電腦螢幕，而非另一個有血有肉的人。那只是多巴胺與快感的釋放，不需要真情與脆弱，所以你也無從體驗親密感——因為實際上並沒有任何人在那裡，你從來都是獨自一人。這徹底違背了神對「性」最原初的設計與心意。

只有少數人知道，所謂親密，不僅止於性的肉體結合，還包括柏拉圖式的心靈共享。說到這裡，我常想起每次和朋友外出聊天時，如果忽然陷入冷場，大家便紛紛拿出手機，埋頭滑螢幕。我們其實不明白「被了解」的意義是什麼。事實上，我覺得我們其實是害怕被認識、被理解的，因為我們尚未發掘隱藏其中的喜樂。

難怪，我們總是從一個朋友圈跳到另一個，但每當有人與我們漸漸親近，一段可以彼此了解的關係正要開始時，我們又轉身離去了。也難怪，我們寧可把內心的需求與問題放在社群媒體上——因為那是展示美好一面的最佳平台，那些不堪的、辛苦的，可以一律遮蔽起來。

眼前是一條漫漫長路，而這個議題是如此複雜又多面，但至少有一件事是可以確定的，那就是回到問題的根本去探討：物化。

## 真正的價值

我想，**每一個人**都被我們的文化物化了。那是罪的其中一種症狀。但我覺得，女性比男性受到更負面、更強烈的物化程度。

我們的文化有意無意地教導我們，女性是商品，是物件。但是，她們從來就不是供男性打量、評論的奴隸。色情的其中一個問題是，它提供了完全商品化的性。性不再莊重與神聖，淪為可以被消費的物品。我們把性高潮當成可以網購的某個商品，通常是以消費女性為主。

遺憾的是，對女性的物化也發生在基督宗教世界的許多層面上。譬如說，當我開始向色情氾濫或人口販賣宣戰時，我最常聽到的回應是：「不要去看那些東西。你不知道你所看的那些女性是別人的女兒嗎？是別人的妻子嗎？是別人的姐妹嗎？」

問題是，這樣的論述，把女性的自我認同、意義與價值建立在與另一個男人的關係上。那意味著她之所以是她，是因為她與某個男性之間的附屬關係，彷彿她不是個獨立自主的個體。但事實是，一個女性的價值不在於她是不是某人的女兒，她的珍貴與無價就因為她是**一個人**。

恢復一個人最純粹的人性，可以為他帶來無可比擬的自尊與自重，那是最值得努力的一件事。那份來自肌膚、來自骨骼、來自空氣、肺腑與生命的神聖，在那裡面有最美好的榮耀。神在創造時所吹的那一口氣，從創造之初便已吹入我們之內，因此，任何對我們的抨擊，本質上就是對我們這位造物主的抨擊，只因為我們都披戴祂的形象。永遠記住這一點。當我們致力恢復這份身為人最原初的形象與自尊時，才可能將物化人類的文化一一消除。順帶一提，有位牧師喜歡形容自己的妻子「火辣得冒煙」，拜託，千萬別再這麼說了。

我得承認，有時候一些情況確實比較棘手。我有個兩歲的女兒金絲莉和六個月大的兒子肯儂。在兒子出生以前，我常聽到一些令我匪夷所思的話。當人們看到我——一個女兒的爸爸——的時候，會開玩笑地說：「好遺憾哦。」或「恭喜恭喜，不過，我敢保證你一定迫不及待想要一個兒子。」好像女兒只是後備球員，不過是個踏腳石，時候到了，就要踩著她去迎接下一個更偉大的目標。我的意思是，拜託，那是什麼意思啊？難道說，生命創造的高峰與父親最大的榮耀，是生個帶把兒的兒子才算數嗎？（是的，我剛剛說了個粗話，我也覺得驚訝，怎麼說出口了呢！）

坦白說，即便在基督宗教的世界裡，當我們需要找一些引以為戒的例子或醫治的出路時，我們仍不自覺地物化女性而不自知。

我曾經在網路上讀過這段宣言：「如果一個男人拋棄色情刊物不是因為羞恥，而是對女性抱持崇高的觀點，使他無法從女性被物化與不當利用的情境下產生任何生理反應，那便是真正的成功。」我們需要以更積極的「是」來取代其他負面而消極的「不」。而唯一長久而有效的行為改變法則，便是提供更好的滿足與樂趣。

讓我舉沙漠作為例子來說明。如果此刻我在一片無水的沙漠中，忽然間一個馬桶神奇地出現眼前，我會毫不猶豫地擁抱馬桶，埋頭大喝馬桶裡的水，喝得很高興。也許隔天我會因此而生病，但管他呢，我還是會不計後果地喝下去。但如果我回到我出生和長大的地方華盛頓，當我感覺口渴需要喝水，我絕不會走向廁所，而是走進廚房倒水。我在走向廚房而途經廁所時，我不需要緊張兮兮地提醒自己：「不准喝，不准喝，不准喝。」因為另一個更好的選項，早已超過馬桶水對我的吸引力。

當我們說「嘿，看那些東西會傷害你，那不是個好選擇」時，但願我們也能誠摯地進一步指出：「來這裡，這個更好。進來吧，這裡有生命、美麗、完整、親密、活力與奧祕。」

我深信耶穌曾是真正的人，是新創造的典範，如果我們真的想要明白「成為人」的本意是什麼，請跟隨他。他從未對女性動粗，也從未攻擊、壓迫或物化任何女性。

事實上，耶穌在世的那幾年，他與女性朋友之間的互動，經常因為他毫無保留的真摯情感，而引來各方對他惡意批評與攻擊。在耶穌的時代，第一世紀的女性無法在庭上作證，因為她們沒有被賦予任何社會地位，是被認定不具任何信用價值的人。猜猜看，當耶穌死後第三天復活時，他決定向誰顯現？他的復活可是人類歷史上最驚天動地的一刻啊！沒錯——他向一群婦女顯現。

根據耶穌門徒約翰（若望）的記載，你再猜猜看，耶穌向誰說出他彌賽亞（默西亞）的身分？他們數百年來引頸期盼、應許中的救主彌賽亞！沒錯，是一位婦女——一位被當時猶太社會視為雜種、低階、曲解真理的外邦女子，一名撒瑪利亞婦人！

回想一下，聖經福音書的記錄中，在耶穌被捉、被釘時，哪一群人對他始終不離不棄、堅信到底而被讚許肯定？是的，一群女性！

除了消極的阻止，還必須有積極的鼓勵，唯有徹底明白色情無法成全我們被造的崇高目的，我們才能看見進步與成長的軌跡。色情世界不會教導我們施比受更有福，也不會告訴我們坦承脆弱更勝於隱藏壓抑、神的盟約比人類契約更加可靠。

我知道，還有許多讀者在閱讀這本書時，可能仍沉迷色情而無法自拔，也或許有人正處於情感關係的危機中。你要如何面對這樣的情況？你看得到希望嗎？別擔心，希望一直存在。因為我走過，也經歷過。

## 讓事情浮出檯面

十九歲那年，我第一次徹底明白，原來耶穌如此奇妙而美好。我體驗到一生難忘的自由、恩典與愛。生命中許多困惑都解套了，我領悟到原來這位宇宙造物主不但了解我，還愛我至深。忽然間，許多隱藏內心的事，開始出現轉變的契機——那些令我疲於應對的憤怒消失了，想在商店行竊的衝動與順手牽羊的惡習也消除了。我甚至將我偷回來的東西附上一封道歉信，然後物歸原主。

沉迷色情的成癮行為呢？哦，我必須坦承，這部分沒有立即消失。那感覺就像陷入泥淖裡，在我內心持續拉扯了一段時日。我當然知道它的破壞力，但我一時之間就是無法停止或抗拒。

我想，許多人被色情捆綁而找不到自由，是因為他們從來不將這件事視為成癮。如果有人對古柯鹼、酒精或某種處方藥物成癮，我們不會輕鬆地要他們再努力一下，或鼓勵他們**只需要**多一點禱告（當然那也很重要）或告訴他們**只需要**再多一點信心就好。我們知道成癮者的大腦裡在進行巨大的化學運作，包括深度的生理與神經病學的交匯過程，所以半途放棄、不想支持下去的念頭隨時會發生。而色情成癮的情況也是這樣。

如果你像我過去那樣對色情成癮，請你正視這件事，而且尋求協助。讓這件事攤在陽光下，不要隱藏起來，去尋求輔導、群體的支援與恩典。有沒有想過，把事情攤開其實不是最糟糕的，偷偷隱藏起來才是？

我想起一位好朋友，她的丈夫因為把情感用錯了地方，最終賠上一段婚姻；追根究底，色情成癮是他們婚姻破裂的最大因素。

在他們結婚後，她隱約感覺他們之間有另一個女人的影子。她雖然不能確定，但每當生活中面臨壓力時，不論問題大小，她覺得丈夫似乎總是尋求**另一個女人**的協助，而不是她。

狀況反復循環，她終於採取行動，與丈夫對質並誠實說出自己的直覺。丈夫矢口否認，然而她始終難以釋懷，更難以信任丈夫，儘管她的感覺如此真實，卻苦無證據。對這位妻子而言，最難以接受與受傷的是，丈夫認識那個女人——那個只出現在電腦螢幕上的女人——比認識她的時間更早，他們之間有更深入的交往、更多年的連結與腦部化學作用。更悲哀的是，妻子根本比不上螢幕中的女人——她不會嘮叨丈夫去做家務、負責任，也不需要被追求，更不用他做任何事。因為她根本**不是真實的**。

遺憾的是，我這位朋友的故事不是特例。我們也有一些朋友的婚姻幾乎被色情成癮摧毀殆盡，後來經過辛苦的療癒與復原歷程才挽救回來。然而，也有些朋友的婚姻被色情成癮徹底擊潰。

我想說的是，我的一位朋友如何以她的智慧與洞見，來幫助其他夫妻與年輕女性一同面對這個議題。她與人們分享的其中一段話是：「當我們談論婚姻，我們習慣只談誓言，卻將這些色情議題巧妙地遮掩起來，顧左右而言他。我甚至不記得曾和配偶談過這些議題。」

罪惡只存在於幽暗的角落，無法在光中存活。

所以最佳的解決法則，便是讓它浮出檯面，讓它見光死。針對這個議題好好談談，將最核心、最難以啟齒的部分，拿出來具體而詳實地討論。因為，唯有透過具體而詳實的對話，你才可能發現問題到底有多嚴重，是如何影響、破壞了你們的婚姻。對此，我們的朋友在自己的故事中做出一番堅定的註解：「如果一切可以重來，我想，那是我最想面對和溝通的議題。」

你最後一次看色情網站或刊物是什麼時候？
你規律性地接觸色情內容時，最長維持了多久的時間？
你維持不看色情內容的時間有多長？
你幾歲開始接觸這些東西的？
你接觸的是哪種色情資訊？有多深入？

如果要我坦白講出來，我要說，如果你正和某人交往，而對方持續深陷色情的成癮行徑，請你毫不猶豫地分手。很遺憾的是，我一再聽到許多女性朋友即便知道男友「病入膏肓」，仍不願分手，因為「那不是耶穌會做的事」。她們信誓旦旦地問道：「難道沒有恩典嗎？」

問題是，你不是耶穌。想要嘗試成為別人的救世主（甚至想要試著去醫治別人），最終不但毀了你自己——也毀了其他人。

恩典是神對我們無條件的恩寵，而我認為，你所能做出最有恩典的一件事，便是終止這段關係，好讓對方藉此得到幫助，被醫治，然後在恩典的扶持之下，走上那段艱辛、緩慢的復原與救贖之旅。持續保有交往的關係，只會讓池水加倍渾濁，壞了信任的泉源，也壞了一段有前途的健康關係，更令人憂心的是這通常只會造就負面的依附關係。先讓自己走出來，成為他們的朋友，對他們仁慈、善良與同情共感，但不需要以愛情關係與未來的婚姻作為代價。

沒有人會與古柯鹼成癮者繼續交往。你與對方分手，**因為你愛他，而他需要幫助**。色情成癮也一樣。如果交往的其中一方仍在苦苦掙扎、想得到自由，那維持關係只會讓情況更難以解決。

如果你已婚，請盡速尋求協助，盡全心與全力去尋求你們這段婚姻關係的醫治與修復。認罪悔改，尋求幫助。無論付上多大代價也要盡力去做，必要的話，辭職並遠赴他方也在所不惜。呼求耶穌，倚靠耶穌。

如果你此時正好翻閱到這裡，而你仍處於另一端而難以自拔——像是有一股拉力不斷將你推到電腦螢幕前，或在夜闌人靜時要你點開手機——讓我告訴你，你深深被愛。我的意思是，那位宇宙萬物的創造主瘋狂地追求你，也激烈地愛著你。

猜猜看，祂在什麼時候愛你最深切？就在你**正在犯罪**之時，而非犯罪之後。耶穌就在現場，坐在你身邊那張椅子上——他心碎難過，但關切的眼神中充滿哀傷。他要召喚你去做更棒的事，他等待你在某一天堅定地說：「我不能再這麼下去！夠了，下不為例！」

我們所服事的，是復活的上帝，是帶來奇蹟的上帝，是從死亡中帶來生命的上帝。祂可以為你做任何事。

在你的生命故事中。

在你的過往歷程中。

在你未來的婚姻裡。

也在你目前的婚姻裡。

**重點分享**

在我們的社會中，色情文化已達到無孔不入的程度。這股強大的勢力，無疑深入幾乎每個人的人際關係之中。不管代價多大，請竭盡所能尋找治療，在捆綁中得自由。耶穌勝過死亡，從墳墓中走出來，因為他，我們一定也可以走出來。

第6章

# 我真幸運，與最好的朋友相戀

傑森．瑪耶茲（Jason Mraz）

**✧ 艾莉莎的角度 ✧**

那些足以摧毀我們的東西——人與人之間的關係——也同時擁有醫治與療癒我們的力量。

我生平第一次與「真正的男友」交往，是在我二十二歲那年。在那之前，我花了漫長時間等待、渴望進入婚姻。我還在讀大學時，我不斷為我未來的丈夫禱告。我向神祈求，讓我們的關係全然為祂而存在。我期待這段感情可以讓我見證上帝的信實，可以向人們分享祂如何在過去那幾年回應我所有的禱告，是的，祂都一一允諾了。

二〇〇九年春天，我從洛杉磯的大學畢業，按照原定計劃，準備前往夏威夷茂宜島一間教會去完成兩年的實習課程。八月時，我向洛杉磯的朋友道別，返回西雅圖的家裡休息兩週。在家度假那段時間，我計劃參加朋友司帖斯的婚禮。新娘子的弟弟與妹妹，傑克與莎儂，都是我非常要好的朋友。我們從小一起參與教會活動，是一起長大的童年玩伴，我至今仍與這群老朋友親近如昔。他們這次都會回來參加這場婚禮。

婚禮前幾天，我和教會的朋友一起佈置婚禮當天的接待處。工作告一段落，大夥兒坐在地上吃著漢堡和薯條，老友莎儂當著一群朋友面前，忽然煞有其事地宣佈：「艾莉莎，我知道有人迷倒在你石榴裙下！」

我當場臉紅尷尬，也倍感困惑，因為過去幾年我不常回家，到底是誰會喜歡我呢？太不可思議了。

所有女生都異口同聲追問：「誰？」

答案是：「傑夫．貝斯齊！」

一開始，我其實摸不著頭緒，不曉得她口中這位男士是何方神聖。誰是貝斯齊？然後，我想起他是莎儂弟弟的麻吉好友。幾個月前，他曾經在臉書上要加我為好友，還寄了幾封私訊給我，但因為不認識他，所以我並未把這件事放在心上。印象中，我曾在高中舞會上見過他。他是那種活在舞台上的人，戴一副墨鏡，把全場氣氛炒得熱烈火爆，鼓動大家上來跳舞。他是所有人注目的焦點，是舞會中的靈魂人物。

聽到這個名字，一起吃午餐的女生都咯咯笑起來，聊起了這位貝斯齊先生。我必須承認，我真的受寵若驚，而且內心難掩幾分激動。我記得他照片上的長相還蠻可愛的，更何況，我多久不曾被一個人真正喜歡了？不過，我還是表現得很淡定，因為再過一個禮拜我就要離開這裡，飛往兩千哩之外的太平洋島嶼。如果真有什麼奇遇，說不定我會在迷人的茂宜島月光下，與熱情的衝浪小子墜入愛河呢。比起來，此時和一個年紀比我小的陌生男生開始一段感情（我後來還發現，原來他一週後也要返回俄勒岡的大學繼續學業），坦白說，障礙很大，挑戰也很大。我的意思是，我們以前曾就讀同一間中學，卻不曾有過任何接觸，怎麼可能現在卻擦出愛情的火花呢？

儘管如此，我還是對傑夫．貝斯齊這個人感到好奇。小小告白：我偷偷追蹤他的臉書，盡可能地瀏覽有關他的一切。我看到好多他和傑克一起外出玩樂的照片。我大概知道他喜歡露營，喜歡狗，他是棒球隊的隊長。我還看到他分享的一段影片，是他在暑期青年運動營隊裡和一個八歲大的男生分享福音。當下我心想：「好吧，上帝，我會保持開放。如果你想要讓我們之間展開任何互動，我會樂見其成。」我被打動了，何況他的魅力真的很難抵擋。

婚禮當天，莎儂告訴我，傑夫會特別來和我見面。原本他沒有受邀，但新娘子的媽媽答應讓他來，條件是傑夫得幫忙善後與場地恢復的清潔工作。那一天，我穿上最美的衣服，還特別把頭髮上卷，接下來就等傑夫過來找我說話。我等了又等，婚禮儀式開始，婚禮儀式結束，然後開始接待來賓了。

終於，當新人切了結婚蛋糕之後，傑夫緩緩走到我那一桌，彷彿久別重逢般和我擁抱，然後開始了我們的第一次談話。我們彷若多年老朋友，相談甚歡、毫無冷場或尷尬，那種一見如故的親切感令我又驚又喜。傑夫告訴我他如何在大學期間將他的生命託付給耶穌，分享他如何從那時開始逐漸在信仰裡追求而成為真正的基督徒。坦白說，我不太記得所有對話的內容，但我記得自己忍不住想：這個男生與眾不同。我還想要知道更多。他是如此敞開、誠實、積極而毫無保留，我知道當他說自己與耶穌同行時，他是來真的。

那一週，我們和一群朋友相約外出好幾次，有時候在教會，有時候到快餐店吃東西到深夜。最後，在揮別暑假之前，我們一起參加營火晚會。

一開始，傑克先傳簡訊給我，問我是否想要參加那場營火晚會。那是特別為傑夫隔天一早就要返回大學而安排的餞別會，同時也是我飛往夏威夷茂宜島的前一晚。我告訴傑克，我和父母吃完晚餐之後會過去。

當時我根本不曉得，原來傑克與傑夫早已為此密謀了一整個禮拜，安排各種場合讓傑夫可以與我進一步相處。

那個晚上，大夥兒圍繞著營火，一邊說說笑笑，一邊開心烤著棉花糖。傑夫和我不知何時竟已遠離眾人，只剩我們倆肩並肩坐在營火邊（處心積慮的朋友們！）。傑夫對我說起了更多他的過去，我喜歡那種開誠布公的分享。他說到一半時，手上的棉花糖著火了，他試著把火吹滅，棉花糖卻掉到他的大腿上，結果褲襠也著火了！他趕緊輕拍他的短褲，但融化的棉花糖黏答答地沾滿他的褲子，整個人狼狽不堪。

傑夫暫時離開去清洗，原本不見蹤跡的那群朋友也紛紛返回營火堆。沒多久，傑夫回到我身邊，換上了新的短褲，帶著一股男性香水味。我心想，這個男生應該是喜歡我了。而我對他也充滿興趣與好感。

我盡一切可能待在營火晚會裡，遲遲沒有離開，雖然我也知道如果待太晚隔天一早還要趕最早的班機，我可能會後悔。但是，我心有期待，我希望傑夫在離別之前給我一些確定的訊息，讓我知道他想和我繼續保持聯絡。因為，他還沒跟我要電話號碼呢！

最終，我站起來，告訴大家我得走了。
傑夫隨即跳起來，衝口而出：「呃，你有電話嗎？」
我強忍大笑的衝動。心想，傻瓜，這是二十一世紀耶。
「有啊。」我帶著幾分靦腆回答。
傑夫清清喉嚨，問道：「那，我是不是可以跟你要電話號碼？」
我欣然告訴他，擁抱他，然後轉身離開。坦白說，我不曉得這一別之後會發生什麼事，但我確信，至少我們之間還存著離別後的盼望。

## 愛與煎熬

接下來幾個月內，傑夫經常打電話給我，我們常在電話裡一聊就是幾個小時。他是個健談的人，我們的對話從來不會有冷場，而我們所談的大多離不開提升心靈的內容。傑夫很聰明，他經常引導我從不同的角度來思考一件事。

然後那一年的十月，忽然之間，他彷彿消失於地表上，我失去他的所有消息，一通電話也沒有，沒有簡訊，連臉書也沒有更新。我以為我們這段關係就此結束了。我發現這樣相隔兩地要維持關係是多麼困難。我依舊常常想到他，但說實話我不曉得要如何去經營這段關係，於是我選擇放棄。

隔了一個月，他又忽然打電話給我，彷彿之前那一個月的空白從未發生過（哈囉，我已經一個月沒有你的消息了耶！）。幾分鐘後，他跳到另一個話題，聊起他最近聽到的一篇講道，那位牧師說，當你終於遇到一位愛耶穌的女生時，千萬不要放手讓她走，要急起直追。話鋒一轉，他忽然告訴我，他發現自己也不想讓我走，問我是否願意當他的女朋友。他說他想要看看我們之間可以如何繼續發展，他甚至想進一步知道我是否願意以結婚為前提來與他交往。

這所有的一切，感覺都很「對」。我這輩子還沒遇過一個像傑夫那樣的男生，雖然我仍然不曉得未來該如何發展這段關係，但我真的很想更認識他。於是，我點頭同意，我們之間的交往就此展開。

我們經常講電話、互傳訊息與郵件（是的，電郵，年代有點久遠）。一對相隔兩千哩的戀人，需要用創意的方式來表達對彼此的思慕與愛意。我們經常互送卡片與禮物，我記得我曾經用我的拇指紋繪製一隻火雞，為他手作一張感恩節卡片，也曾在情人節寄了一盒糖果給他。那是我親手烘焙的狗狗造型餅乾，裝進應景的盒子裡再寄給他。那是一種鋪上花生醬、巧克力與糖粉的點心。我想，如果這麼可口又可愛的甜點還無法贏得一個男生的心，那還有什麼可以取悅他啊（嗯，或許牛排吧）！我還記得他一邊大口吃一邊打電話給我道謝。

那年聖誕節我回家度假，我們終於有時間可以面對面在一起了。一開始兩人都有點手足無措，畢竟我們真正相處僅有暑假那短短幾天，再見面時，我們忽然從普通朋友躍升為一對情人。但我們幾乎每天都見面，每天都花時間在一起。我們無所不談，我越是與他相處，越是喜歡他。事實上，離別前的最後兩週，我已經深深愛上他了。

接下來的整個學年，我每隔數週便可以見到傑夫。有時候，我會在週末時飛到他就讀的大學去找他，當他的棒球隊到夏威夷的瓦胡島比賽時，我和朋友跟在球隊後遊走各個島嶼，只為了看他。到了五月時，他休假兩個星期到夏威夷來找我，我興奮莫名，終於可以享受相處的美好時光了！

我對即將到來的時刻充滿盼望與期待。雖然他來找我的第一週，我仍要到教會工作，但他可以和我一同出席各種活動，或在白天時直接到教會辦公室來陪伴我，這樣我們便可以在上班前與下班後一起做些好玩的事：騎腳踏車去吃早餐、打網球、在星巴克讀聖經（因為那是很多基督徒情侶會做的事啊）。我的父母會在下一週離開，他們已經為大家租了一間飯店房間作為度假的住宿地點。

坦白說，和傑夫共處的那兩週，我的心情像坐雲霄飛車般忽上忽下，但表面看來我們依舊甜蜜如昔。我們一起在泳池裡嬉水，在沙灘散步，環島閑逛。但我經常感覺傑夫似乎有所保留，事實上，我甚至開始懷疑他是否不再喜歡我。面對眼前這個我越來越愛的男生，我忍不住暗自憂心，我已經準備好隨時可以在他求婚時點頭說好，但如果他無法回應我的愛意，那該如何是好？他看起來沒有我期待中的深情熱切，甚至有一次當我脫口說出「結婚」兩字時，他卻急速轉換話題，彷彿被嚇到一般。

有一週我必須照常上班，他沒有一次到教會辦公室來探望我，我還得拜託他和我一起去參加青年小組。我夢想著我們可以成為一起服事的夥伴，也渴望與我的男朋友一起參與宣教工作，但照當時的情況看來，傑夫似乎興致缺缺。我非常受傷，因為我是如此深愛他。他讓我一路沉醉在愛情中，我從未遇過一個男生像他那樣愛耶穌。然而，當我送他到機場之後，我知道我別無選擇，是時候該和他分手了。

當晚，我和教會青年小組成員搭機參與為期兩週的短宣隊。我給媽媽打了通電話，告訴她我的顧慮和有關傑夫的事。我們以後要如何一起工作呢？他還有一年的大學課程，而我不想離開茂宜島，他卻想要繼續待在太平洋西北區。他肯定還沒準備好進入一段婚姻，但我卻已準備好要前進下一個階段。

我一直以為他想要透過幫助教會的青年學子，更全面地參與我的生活，陪著我一起體驗我每一天的生活作息，但事與願違，他似乎刻意與我保持距離。當晚飛機起飛時，大顆的淚水滑落我臉頰。我知道我必須與他分手。那一晚，我把臉埋在枕頭哭了一整夜，直到累極而睡著，爾後在短宣隊的每一晚，我幾乎都哭著入眠。

結束短宣行程，返回住處時，我發現宿舍裡有個署名給我的包裹，哦，是傑夫寄來的東西。我的心沉了一下。我把包裹拿進去放到床上，拆開來。裡頭有一封手寫的長字條，傑夫告訴我他多麼喜歡我，以及他在茂宜島時所歷經的一切美好時光，他說他想念我。字條底下是他最愛的棒球運動衫。我把那件衣服從包裹裡抽出來，湊到鼻前聞一聞。那是「吹牛老爹」的男性香水。傑夫竟然在運動衫噴上他的香水，他知道我非常喜愛他的這款香味，因此他經常會在寄給我的信件上刻意噴上香水。最棒的禮物莫過於運動衫了，因為每次穿上它時，撲鼻而來的香味就像他在身邊一樣。

唉。歎氣。

看來，這分手的要求對他也不會太好過。他還不曉得即將要發生什麼。

我等了再等，還是決定隔天便打電話給他。既然他也隱約感覺事情有點不對勁，我又何必苦等之後再打電話給他呢？

我們先寒暄幾句，數分鐘後，我切入主題。

「傑夫，我想要和你分手。」

「什麼？為什麼？」

「我不曉得為什麼，真的。我只知道我需要終止一些事。」

「但是我真的不明白。為什麼？」

我嘗試向他解釋，但我發現自己沒辦法做到。我有許多疑惑，卻不懂如何整理那些思緒。我愛他，但怎麼感覺哪裡有些不對勁呢？而我以為最糟糕的一點是，我無法將內心最真實的想法坦誠告訴傑夫，因為我不知道如何處理這個衝突。我怎麼能把一些可能會直接傷害他的事告訴他呢？我要如何才能讓他明白我真正的感受呢？把我的顧慮與質疑全部說出來嗎？另一方面來說，就算我真的解釋清楚了，我還是決定要分手，已經沒有轉圜的餘地了。最悲慘的莫過於歷經兩週的哭泣後，我變得麻木了，像個沒有感覺的雕像，沒有情感，沒有眼淚，什麼都沒有。

在電話那頭的傑夫哭了。我想，那可能是我唯一一次聽到他泣不成聲。或許，這個男生真的很喜歡我。

「不然，我們先暫時讓彼此冷靜一下，好嗎？然後再看看事情如何演變。」他說。

「不。我們就到這裡結束。永遠結束了。」我不留餘地，相當殘忍。

數個月過去了，那是我這一生中最煎熬的幾個月。我原以為提分手的人是我，我應該會比較堅強，隨時準備好往前走，但事實上，我的日子一片愁雲慘霧。每天清晨我坐在那張破舊的灰色長沙發上，一手拿著咖啡，大腿上擱著聖經和我的日記本，不用多久，淚水便弄濕了頁面，淚痕成了點綴紙張的裝飾。

我內心呼喊著：「為什麼，上帝？為什麼他不能成為我心中的那一位呢？為什麼我對他一往情深卻這麼受煎熬？為什麼我要和他分手？為什麼這一切不能圓滿呢？」

那個夏天，我與建構我這一生的恐懼感正面交鋒。萬一我永遠都不會進入婚姻，註定一輩子孤身一人，那會怎麼樣呢？

**重點分享**

有時候，一段親密關係會引來深刻的恐懼與問題。

但神從來不會棄我們於不顧。祂要我們與祂分享那些最深的恐懼與問題。

第7章

# 或許，可以打電話給我

卡莉蕾（Carly Rae Jepsen）

✧ 傑夫的角度 ✧

想擁有健康的愛情關係，卻不想求助於經驗豐富的心靈導師，猶如在毫無裝備與飲用水的情況下攀登喜馬拉雅山。你還是可以嘗試，只不過結局可能不如預期。

我第一次見到艾莉莎，是在我朋友的冰箱上。很奇怪吧，我知道。

讓我來解釋一下。

大一結束那年，我和一位高中同學重新聯絡上，他叫傑克，是我們學校少數幾個對信仰與上帝都非常認真的人。我們以前常一起玩棒球，也一起上過課，共度了許多好玩的時光，但我們的人生方向天差地遠，所以並未成為深交。

大學時，我曾一度陷入生命低谷，那時，我腦海裡想到可以聯絡的第一個朋友，就是傑克，於是我問了他許多有關信仰、耶穌、聖經的問題。直至今日，他已成為我最好的朋友之一，也是我兩個孩子心目中最敬重的叔叔。

大一結束的那年暑假，我們比過去更常在一起。有一晚，我陪他到他父母家，他們家冰箱上貼著一張可愛少女的照片，吸引了我的目光。我先說一下，他們家那個可是非常經典的「基督徒冰箱」，上面掛著公告欄，密密麻麻貼滿了五百萬張宣教士家庭的照片、家族合照、聖誕卡等等。所以，當我被那張美少女照片吸引目光時，意義不同於一般，那可是真正的大海撈針啊。

當我第一眼瞥見那張照片時，我至今仍記得我所說的每個字：「哇！這女生好正，你應該讓我把到她才對。」

那是十九歲男生的慣用語言，意思是：「那女孩好漂亮啊，你可以介紹讓我們彼此認識嗎？」

我記得那一家子聽到我的告白言論後笑個不停，他們的眼神與肢體語言已足以回覆我的提問：「想太多了，門都沒有！」

我當時並不知道，原來艾莉莎出生於嚴謹的基督徒家庭，她的爸媽可說是模範雙親的化身。我從每個人對她的敘述中慢慢拼湊出對她的認識——哦，艾莉莎最貼心了。她是最棒的女生，從沒遇過那麼善良的女孩——聽起來好像她一生下來在接生室裡就已經接受耶穌成為她的救主而且馬上受洗了。

好了，玩笑話到此為止。種種證據顯示，她在敬虔的基督徒父母教養之下，確實是個好得不可思議的女生。她似乎從未有過叛逆期，很早進入大學，以極度優等的榮譽畢業，活脫脫就是電影《歡樂谷》（*Pleasantville*）的故事翻版。

反觀我自己：一團糟的過去，長期累積下來的包袱與問題。難怪這些同時認識我們兩個的人無法想像我們要怎麼走在一起。

但我不想放棄。每當我去他們家時，我總是找機會拜託他們介紹我認識艾莉莎，或至少替我傳個話（我想我當時早已偷偷在臉書上追蹤她了——不用騙我，你一定也做過這種事啦）。

幾個月之後，傑克的姐姐訂婚了，開始籌備一場在教堂舉行的婚禮。她的父母忙得焦頭爛額，於是，傑克的媽媽終於開口對我說：「傑夫，如果你答應在婚禮後幫忙收拾善後，把桌布收好，桌子一一疊好，那麼，你就可以來參加婚禮，和艾莉莎碰面。」

任何任務，只要可以「和艾莉莎同處於一個空間」，我都會毫不猶豫地買單。叫我《神鬼認證》的傑森包恩（Jason Bourne）吧——沒有我完成不了的使命！

只是，我不知道從那時開始直到婚禮當天，我對艾莉莎的興趣早已在教會內傳開，已經成了大家討論的頭條新聞。當我走進婚禮現場，我記得好多雙眼睛帶著好奇盯著我看。現在是怎樣？我的拉鏈沒拉嗎？我的鞋子黏了一張衛生紙嗎？好一陣子之後我才搞清楚狀況，原來大家都在等著看我如何走向艾莉莎。除了我之外的所有人（包括艾莉莎）都知道我出現的真正目的。

我記得踏入會場的那一分鐘，我便開始搜尋目標，很快找到了她的身影，只是我故意保持距離，因為，嗯，是的，我有點緊張。事實上，要不是她爸爸對我釋出善意的提示，我甚至不確定自己是否有足夠的勇氣走上前去跟她說話。

婚禮結束後，進入接待賓客的時間，我走到戶外呼吸一些新鮮空氣。有一位陌生的年長男士走過來與我談話。我們相談甚歡，他是個熱愛運動的人，我也是。我們都住在一個不算大的小鎮，而我參與的高中棒球校隊那年剛好擠上全國排名之內，所以他問了我許多有關棒球的問題。我們聊了二十分鐘之後，他對我說：「我要進去了。你應該跟我一起進去，我想介紹你認識一個人。」

我答應了，於是和他一起走到他的座位。那瞬間，所有事情都連結起來了。那位先生竟是艾莉莎的爸爸，而我只剩下零點三秒的時間可以為這個重大時刻組織一下自己要說的話！我頭腦一片空白，和心儀的女孩面對面就足以令人緊張到不知所措，第一次見面竟要在我沒準備好的狀況下上陣——而且還在她的爸爸和親友面前——我的尷尬和焦慮幾乎爆表了。

好不容易，我坐下了，我們開始聊天。一切彷彿水到渠成般，出乎意料的美好而融洽。我們之間的對話輕鬆而充滿新鮮感，很快便進入深度的內容，當天稍晚，我們已經互相交流了彼此生命故事的大概，如此深入的對話是我始料未及的。但另一方面，我也因為眼前的現況而陷入天人交戰，她再過六天就要再度啟程前往茂宜島，也早已計劃要在當地教會工作幾年。

在這一刻，我不得不面對徹底相反的兩個抉擇，要不就乾脆放棄（和一個再過六天就要遠行的女生開始一段戀情顯然太不實際），不然就不顧一切地衝了（在她離開之前竭盡所能地努力爭取）。

我選擇後者。

因為我們的共同朋友傑克，我們很容易找到機會一起外出，那一週我們幾乎每晚都聚在一塊兒。離別的時刻到來，我發現自己已經愛得不可自拔了。我告訴自己，這就是我想要結婚的對象。你或許會覺得這話未免說得太快，但你若認識我，便知道我總能很快就做出決定，我不是個猶豫不決的人。

艾莉莎飛返夏威夷前的最後一晚，我們在朋友家舉辦了一個小型的營火晚會，表面理由是為了要歡送我返回大學，但那是我和朋友們處心積慮安排的另一場聚會，好讓我和艾莉莎可以再聚聚。所以，除了艾莉莎外，其他人都知道我們葫蘆裡賣什麼藥，真不好意思！

晚會才過一半，艾莉莎和我已經並肩坐在一起，享受我們的獨處與對話。我當時正烤著棉花糖，坦白說，我當時並不專注烤東西，一位如此美麗、優雅而充滿魅力的女子近在眼前，誰還能專心做別的事呢？所以，我沒有好好發揮我一心多用的能耐，等我回過神來時，聽到有人大叫：「傑夫，你的棉花糖著火了！」

我試著假裝若無其事，因為我本來就喜歡烤焦的棉花糖（是真的）。我慢慢讓它遠離火源，一副淡定的樣子，當我正想把棉花糖送到嘴邊吹一吹時，它竟然整團掉下來，不偏不倚地掉在褲襠拉鏈上，還著火呢，名符其實的火烤棉花糖！

我再也無法假裝輕鬆了。趕緊站起來，猛力拍打我的短褲。

一陣慌亂恢復平靜之後，我的短褲前檔一片黏膩，還沾了一堆灰燼，我那群朋友笑得東倒西歪。閃過腦海的第一個念頭是，在我努力想要表現與取悅的女生面前，這次出的醜可大了！（我後來才知道，艾莉莎竟覺得我當時的模樣既可愛又好笑，我這才釋懷。）

我決定到車上去換一件新的褲子，換好後卻發現自己身上有一股燒焦味。我得想個辦法掩飾一下，於是，就像任何一個十九歲男孩會做的，我噴了些男性香水——其實只是古龍水，別找了，那肯定擠不進你們家附近藥妝店的銷售排行榜。

我想艾莉莎大概會被那股濃烈的香水味熏到暈倒，因為香味已經和燒焦的煙味混雜成奇怪的味道。我以這輩子最尷尬的場面結束了當晚的相聚。我知道如果我還想要繼續和她來往下去，我要在她回夏威夷之前要到她的電話號碼。目前為止我還沒開口問她，那晚是我的最後一次機會了。

我的朋友一心想幫我，雖然他們做得實在太明顯。他們六個人忽然同時不見，獨留我和艾莉莎兩人在後院，讓我們有機會安靜獨處，我知道那是跟她要電話號碼的絕佳時刻。

但我臨場退縮了。

而朋友們陸續又回來了。

幾乎快到半夜時，艾莉莎說：「好吧，我想我該回家了……」她說這句話的語氣充滿了再明顯不過的暗示：親愛的，這是你最後的機會囉。

而我呢，在最後的關鍵時刻，我超級直白叫了出來：「你有電話嗎？」

我沒有跟她說「這場晚會真好玩。我陪你走出去，好嗎？」然後一邊走一邊很自然地跟她要電話號碼。我也沒有故作自然地說：「這整個星期過得太精彩了。我在想，如果我們可以交換電話號碼，方便我們日後繼續聯絡，你覺得好嗎？」

不，沒有，我沒有這麼做！

「你有電話嗎？」

這是什麼爛問題啊！忽然一陣死寂。

她說「當然有啊」，接著，我們互留電話號碼。雖然過程笨拙又難堪，無論如何，任務完成了。

她當晚就要整裝出發，飛返兩千五百哩外的夏威夷，而出乎我預料之外的是，我們竟超越了距離，兩人的關係越來越親近，甚至開始了遠距離的約會。

## 神所帶領的關係

我想，這段感情最大的挑戰是，我感覺自己像「在職培訓」般，且走且學。坦白說，我從未經歷一段健康的愛情關係，我從未跟一名女子約會之後開始對她的夢想、內心世界、目標與身體充滿敬意。我從未投入一段徹底超越青少年膚淺感覺的戀愛關係，不但有目標，而且走得踏實而充滿期待。

我其實不曉得該怎麼做。我竭盡所能地嘗試，也尋求輔導的建議，再將這些資訊一一整合。但如今回頭檢視當時自己所做的一切，顯然我的功夫下得還不夠扎實，還有許多可以努力的空間，而那正是上帝格外的恩典——艾莉莎和我都知道，祂就在我們當中與我們面對面，抱著我們走過那些艱困與磨合的風雨。

我在那段時間仍有許多需要完成的功課。艾莉莎超越一般年紀的成熟，使她走過迥異於我的青少年與大學生活，因此，她從未經歷過任何糟糕的選擇與沉重的負荷，而這清白的過去就像一面明亮的鏡子，映照出我那些不堪的過去。

當然，神原諒了我，我也從中體驗許多療癒，我第一次那麼深刻真實地透過恩典而體驗被改變的喜悅。但不可諱言，那過程中仍難免有壓力。一如神學家慕迪（D. L. Moody）所言：「你若把腿砍掉，上帝當然會原諒你；但不代表你的腿會重新長回來。」

投入一段感情之前的生命狀態，對我們的影響極其深遠。當我發現自己可以和艾莉莎緊密連結時，我為此異常興奮，因為我知道這樣的感覺有別於過往。我確信只要我們以正確的方式來進行，那就是最正確的方向。我也確定尋求的建議可以推著我去做某些特定的事，這是我和艾莉莎的約會過程中最棒的禮物之一。想要發展一段健康的愛情，卻沒有任何經驗豐富的心靈導師從旁協助，就像不帶任何裝備與飲水就想要攀登喜馬拉雅山。你還是可以嘗試去做，只不過，結局通常不會太理想。

**重點分享**

我們需要以對的方式來處理一段關係——不只因為那是該做而「對」的事，也因為這樣的方式將帶來更多生命力、喜樂與活力。簡單說，以對的態度來處理感情關係，可以救許多人免於心痛。真正的喜樂往往隱藏在困境與危機之間，謹記這一點，一切終將改變而煥然一新。

第8章

# 蔓延的愛

里歐娜（Leona Lewis）

**✧ 艾莉莎的角度 ✧**

如果你交往的對象深陷某種捆綁——亂飄的眼神、失控的憤怒情緒、酒精與色情成癮，或周遭親友一致認定對方不是適合的對象，你就得考慮懸崖勒馬了。

早秋時分，我和傑夫分手了。就在那段時間，教會一個男生開始追求我。我其實尚未準備好進入另一段感情，但這個男生始終不放棄。他是個細心體貼的人，我在書店工作時，他會送杯星巴克咖啡給我，當我生病躺在床上，他會為我送湯遞茶。我其實不太確定自己是否真的喜歡他，但不可否認的，他是如此溫柔，我從來不曾被一個男生這樣熱烈追求過。過了一個月，我們開始交往。雖然心中存有疑慮，但我努力將那些困惑甩掉，我告訴自己，透過約會進一步認識一個人，應該不會有什麼傷害吧！

開始交往後的數週，我忽然收到傑夫傳給我的簡訊：「嘿，艾莉莎。這個禮拜可以找個時間和你視訊聊聊嗎？」我以為那不過是尋常的問候。自從和傑夫分手之後，我們偶爾還是會互傳簡訊，或以朋友身分透過電郵彼此問候，但也僅止於此。我很好奇他要和我說什麼，於是我答應了。

某日，剛下班返回住處，我聽到電腦傳來視訊的鈴聲，不知為何，看到傑夫出現在電腦螢幕上，我猛地心跳加速。幾個月不見，他看起來很不錯呢。

很快地傑夫就開始他的長篇大論。他告訴我，自從分手之後，他成長許多。他承認自己仍在為前一段感情療傷，那是令他害怕敞開的緣由，也讓他怯於再度冒險。他想要成為真正的男人，一個勇於用心展開冒險旅程的男人。他告訴我，他深愛我，想要和我結婚，如果我認為必要的話，他甚至願意搬到茂宜島來和我一起生活。他說的那些，是我一直渴望聽到的承諾——**他愛我，只要可以和我在一起，他願意付上任何代價**。然而一切都太遲了。終於，他問我：「所以，艾莉莎，你覺得如何？」

「傑夫，謝謝你。我一直以來就等著這些話，我好開心神在這段時間使你看清了許多事，也讓你成長許多。但是，傑夫，我已經開始和別人交往了，就是查德。」

## 心碎與重新開始

我和查德交往到第三個月時，剛好碰到情人節。那天，他把我帶到海邊，在沙灘上鋪了塊毯子，我們一起凝望著夕陽，氣氛是如此美好。他把一打紅玫瑰放在花瓶裡送給我，再將一封捲得像秘密信函的情書親手交給我。我拆開來閱讀，信中是滿滿的愛意，他在信末寫著：我愛你。多浪漫啊！我看著他，對他微笑，他重複信裡的那句話：「艾莉莎，我愛你。真的，我愛你。」

在那之前，從未有男生當面對我說出這重要的三個字，這緊緊抓住了我的心。和查德約會的這段期間，我一直心存猶豫，因為我不確定這個男人是否適合繼續交往下去，然而，那一天的真情告白讓我徹底融化。我對我們未來在一起的可能性多了幾分確信，我想，或許我也愛他。

三週後的某個深夜，他載我回我住的公寓，忽然和我提出分手的要求。毫無預警，直截了當。我非常驚訝，簡直無法接受。這個男生連續幾個月來不斷告訴我他想和我結婚，把結婚視為我們交往的前提和共同追求的目標，從未有過任何疑慮與抱怨。他對我們這段感情一直是這麼篤定，但此時此刻，他竟然說要結束，毫無轉圜的餘地。

他不要我了。被拋棄的感受牢牢植於我的內心。看來，謊言佔了上風。是，我是個情緒化的人，我不值得任何人追求，這段關係也不值得努力維繫。

其實查德沒有說出那些負面話語，但我們的心就是那麼奇異，會自動把那些話轉化成另一個意思，還讓我們信以為真。那就像撒旦在我們耳畔竊竊私語，而我上勾了，讓我長時間活在自我詆毀的謊言中。

查德和我分手不久，傑夫重新登場。他寄了封簡訊問候我的近況。聽到他的問候自然令我欣喜，但在那段對男生徹底反感的期間，我其實不太想和他有任何瓜葛。後來我的心逐漸軟化，願意敞開心懷和他重新建立朋友的情誼。在接下來的一學期，我們保持通信，互相道歉與請求原諒，一點一點地重新修復破碎的關係。

此時我才發現自己對傑夫非常嚴酷——當我忽然和他提出分手時，並未對他多做解釋。查德和我分手讓我痛苦不堪，也讓我變得謙卑。我發覺他和我分手時的決絕，就如同我和傑夫分手時一般。當下，我第一次明白我對傑夫所造成的傷害是如此沉重。但在我們的對話中，我發現傑夫毫無責怪之意，一如既往的善良、謙遜、寬厚。我稍微提及和查德的分手經過，他對我滿懷同情。

下一個暑假將近時，我仍待在茂宜島持續實習，傑夫即將大學畢業，開始找工作。那段期間，我們的簡訊、電話與信件從未間斷，那些頻密的交流使我的心慢慢被療癒，我也一點一點再度愛上傑夫。長久以來，我以為真正的愛是在女朋友工作時為她送上一杯她最愛的咖啡，那是體貼的舉止沒錯，但其實真正的愛，應該是常常心存盼望、信任、堅毅與保護對方[1]，而這正是傑夫所做的。他從未停止愛我，他耐心守候，心存最好的期待與希望，渴望一段持續更新的關係，也相信我人格中的美善。他從未說出任何批評我的話語，一心保護我。他首先成為一個真誠愛我、在乎我、關心我的朋友，我為此而加倍謙遜，對他滿懷敬意。

當我們終於有機會碰面時，我的心中充滿希望，卻又存在一些疑慮。坦白說，我緊張得不得了，誰曉得會發生什麼事呢？我們現在又恢復普通朋友的關係，但我已經越來越喜歡他了，可他的立場到底如何呢？我甚至不曉得他是否有女朋友了，或已經對哪個女生展開追求。

1 哥林多（格林多）前書13章7節。

我們相約在一間書店裡，在那裡暢懷聊天，然後短暫的見面結束了。他必須返回學校，我也要飛回茂宜島。前往機場路上，我哭了。我的天啊，原來我暗自期待他會對我有一定程度的告白。你知道的，至少要說些「確定這段關係」的話，但他沒說，只是稀鬆平常地談天說地。

返家後的隔天清晨，我們終於決定把話說清楚。傑夫坦承他確實喜歡我，但他有些害怕。我承認自己也是一樣。我們沒有進一步給彼此任何承諾，但至少我們已經曉得彼此的心態，也願意延續這段友情。

## 不用苦苦守護你的心

七月，我飛回自己的家，那段期間，我對傑夫的愛不斷加深。過去四個月不間斷的對話與分享，使我越來越愛他。我們擠出所有可以在一起的時間，一起打網球、吃冷凍優格、徹夜長談、擁抱。我知道自己是多麼戀慕他，但另一方面又對重新開始這段感情存有幾分膽怯與憂心。萬一又失敗呢？他並沒有勇敢地邀請我成為他的女朋友，只是含蓄地暗示而已。我在飛返茂宜島之前，終於忍不住向他傾訴深藏內心的疑慮與恐懼。

我把這些心境轉折和相處過程告訴一些朋友，友人萊斯利問我：「所以，你知道你喜歡他，也很想繼續和他交往，但現在又不想要這麼做，是嗎？你為什麼抗拒呢？你到底在等什麼？」

當晚，我也跟我的導師聊及此事，她看得出我其實已經準備好和傑夫再度交往，但我內心的懼怕又如此真實，我害怕再被傷害。導師告訴我，我的心屬於上帝，所以我不需要苦苦保護自己的心，祂會保護我。我可以再度勇敢嘗試與冒險，因為上帝是我的保護者。

導師繼續提醒我：「艾莉莎，你知道當你們那次視訊，傑夫知道你和查德交往時，他為什麼那麼生氣嗎？他當時對你說，沒有人會像他那樣愛你，記得嗎？親愛的，他是在**爭取**，他想爭取任何贏得你的機會。他不想要放棄你啊！」

那是第一次我豁然領悟，原來傑夫身上具備那麼美好的特質，而他早就以具體的行動對我表達了深刻的愛意。他不想就此放棄我。

我知道傑夫和我們第一次約會時相比，已經轉變了不少。神一點一滴在他生命中動工，深度地療癒他。而他也正踏上一段冒險的旅程。是的，為了我。他的意圖毫無隱瞞。

我也在那段期間歷經許多成長。我承認自己曾經對傑夫寄予厚望，但如今回頭看，那根本是他難以達成的期待——我希望我們的關係完美無瑕，沒有任何衝突。我希望自己無須多說，他便能掌握我的想法和所有感受。我後來慢慢體認，感情不是這麼簡單的事，最重要的是兩人如何一起同心面對。我們需要更多毫無保留的對話、寬恕、謙卑與樂意學習的心。

就在那一週，我打電話給傑夫，告訴他我真的喜歡他，願意再和他交往。我會在一個月內搬回家，重新找一份工作，我衷心期待他也可以在那裡安頓下來。我知道他一直期待我能做出這些承諾。他不斷嘗試想和我在一起，所以我確信，如果我們真的要好好在一起，我也必須學習為這段感情往前多走一步。然而，這通電話並沒有重新設定我們的感情狀態，反而令我再度失望。

「艾莉莎，坦白說，我不曉得未來兩個月我會在哪裡。我還沒找到工作，我在五個州投遞了不同的履歷。說不定我會在這個月底前搬到芝加哥，那我們到時該怎麼辦呢？再一次遠距離交往嗎？我實在不想再對你那樣。我不曉得我們是否還能在一起。我想等到事情明朗之後，再看看情況。」

我把全副心思都放進去，結局卻令我徹底心碎。我流著淚心想，我和傑夫的感情或許等不到開花結果的未來了。

一個月過去了，他最終在我們家鄉找到一份工作。我覺得事情開始出現轉機，心裡略感踏實。我搬回家的那一週，傑夫剛好離家去參加營會，他留下一個信封給我，裡面是一封長信和一片光碟，光碟裡的歌完美詮釋了去年分手時深藏他心中的心情故事。

那一整週，我在上下班途中反覆聽著那些歌，像個孩子般幾度放聲大哭。那些分手時的景況、撕裂的心、重修舊好的希望，還有我在他心目中的美好……每一首歌都令我百感交集，我心想：天啊！我的感覺就是這樣，他也感受到了。我們好有默契。傑夫實在太了解我了！

傑夫從營會返家當天，我開車到他家，走到他面前，什麼也不說，先熱烈親吻了他。幾個月來，我一直想要那樣深情而熱烈地吻他。傑夫又驚又喜，激動極了。從那一刻開始，我們在一起了。

重修舊好，遠比第一次交往的感覺美妙千萬倍。我們無所不談。我對他毫無保留，他讀我就像讀一本打開的書，徹底了解我的一切。每當受傷或沮喪時，我會對他坦誠相告，然後再一起努力跨越風暴與衝突。我期待有他相伴，也渴望陪伴他身邊，簡單的說，我喜歡和他一起生活，一起探討某些議題，一起接受門徒訓練與信仰上的成長。

我已經準備好要嫁給他了，但這可能成了我們之間最大的衝突來源。我準備好了，他卻對未來的方向仍有許多不確定。他想找一份更穩定的工作，以確保在經濟上支持我們未來的生活。這我可以理解，他當時和另外十個男生同住一棟房子，連自己的房間都沒有，還要每天通勤一個半小時去工作。他當然確信我是他想要結婚的對象，只是綜觀客觀條件，他不認為自己具備好一切進入婚姻的條件。

不久，傑夫開始投入網路影片與演講的工作，忽然之間，他開始奔忙於越來越多的演講行程，而我在基督教中學擔任輔導，也沒有太多時間和他碰面。他在家的時間比出差的時間少得多，不久，他辭去了白天的工作，順著神為他製造的一波波浪潮啟航。他充分發揮天賦，全心投入其中，最終找到人生中的願景。更重要的是，他不想要獨自完成，而想和我一起編織生命的夢想與計劃。

## 寬恕的祭壇

某日，我整理家裡的抽屜時，找到幾張和傑夫約會時拍的照片。我一張張看著那些照片，發現那些感覺從未消失，美好的、迷惘的，還有一句句「我愛你，我知道我愛你」，一切都記憶猶新。

有時候，交往就像乘坐雲霄飛車，即使穩坐身邊的是你想永遠在一起的愛人，仍免不了經歷低潮的分手與心碎。交往這條路，鋪滿了恐懼、質疑、童年創痛，以及令人難以想像的興奮、希望、期盼與喜悅。這是一段不折不扣的瘋狂之旅，你別想要先做準備，因為你從來不會有準備妥當的時候。

從小到大，我的信念便是要與認真考慮結婚的對象交往，這樣的想法幫助我帶著明確的目標與前提進入一段感情，以避免不必要的傷害與痛苦。只是，我想我有點認真過頭了。因此，當我面對那些不可能成為我未來丈夫的男生向我善意打招呼時，我總是慌忙地逃開；我甚至連跟男生說話都緊張害怕。這樣的信念，在我與異性之間的來往裡，無形中增添了許多壓力。

當我和傑夫開始交往時，我對他投注了極大的期待，因為他就是我的「真命天子」（至少我這麼希望）。我避開所有衝突，從不與他分享任何受傷的感受，因為我不容許這段感情有任何不完美。我不想讓他發現我的缺陷，因為我不能失去他；我也不願意承認自己的質疑，因為我擔心他會因此逃離或退縮。我暗自期待他主動提及結婚的話題，或是公開表達對我的愛意，但事實上，要在幾個月的交往期間便要對方做到這些，實在太早了。

即便傑夫真的按照我的期待而做出這些承諾，坦白說，對我們的關係而言也很不切實際。你當然可以說出那些愛的諾言，但如果時機不對，如果你根本不確定你們能否繼續交往下去，那麼，這些話語不過是一種掌控——給對方一份希望來綁住他，而你根本還沒預備好要將那些諾言付諸行動。有沒有想過，這些愛的諾言從來不能說得這樣漫不經心？如今回想，我格外感謝傑夫不輕易說出那些話，而是等到他確信可以和我永遠在一起時才說出口。他從不隨便允諾或給我錯誤的期待，反之，他小心言詞，悉心呵護我的心。

像我這種總是忍不住要提早害怕與憂慮的人，和異性交往無疑會給自己帶來許多難以言喻的恐懼。萬一所有努力都付之東流呢？萬一他拒絕我呢？萬一我最終不想和他在一起了？萬一我的朋友家人都不看好我們在一起呢？萬一他不覺得我是個理想人選呢？萬一這不是上帝的旨意呢？萬一上帝最終的計劃是要我單身呢？

神使用我生命中與異性交往的經歷，來驅逐我內心這些恐懼，並以祂的真理來取代。那種深層的害怕是無法以一句聖經經文或查經就能解決的。我必須歷經許多考驗，才能一步步相信祂的真理。考驗的第一步，就是我心中最大的恐懼竟然成真了。兩個人的感情以分手告終。我被拒絕了。他讓我知道我不夠好。

不是所有親友都看好我和查德的交往。我很擔心這段關係被冠以失敗之名——或更具體地說，我怕自己成為失敗者。我不想讓自己看起來軟弱或混亂。我想要達成所有目標。我不想要自己的戀情無疾而終，因為我不知道是否還會有下一段戀情。每一次分手都像前功盡棄，一切從頭再來，而當你與某人交往越久，深埋心中的懼怕就越強烈。我想要掌控這段關係，確保所有節奏按著我的計劃進行，我不想讓自己受到任何傷害。面對我想廝守一生的男人，我想要敬重他，也想被他深愛與珍惜，如果我們之間終究無法開花結果，我也希望他未來的妻子會對我感激不已。

後來我漸漸明白，我所擔心的那些「萬一」都是神的提醒。當我害怕的事情果真發生時，當我的世界徹底崩塌而悲痛欲絕時，神都對我不離不棄。祂以超乎想像的愛來愛我。祂始終沒有改變，祂對我的愛也不會改變。祂一直是那位充滿盼望與醫治的上帝，也是帶來應許與信實的上帝。祂使我堅強到足以跨越那些考驗，以我需要的方式來滋養我的心靈，幫助我越來越靠近祂。

當然，這些領悟從來不是一蹴可幾的，它們來自每一個安靜、孤獨、只有我和祂共處的時刻。當我在清晨獨自閱讀聖經時，當我的淚水滴落到攤開的書頁時，當我一邊用耳機聽敬拜音樂一邊在烈日下不斷奔跑時，當我的內心忍不住對神呼喊懇求時，當我在寂靜深夜流淚至沉沉睡去時，或在工作中忽然悲從中來而躲進洗手間安靜禱告時……

在那些艱困的時刻，神將我緊緊擁在懷中。祂從未走遠，從不對我追根究底，也不讓我自生自滅。祂對我疲憊的心輕聲允諾：「我在這裡。我愛你。我不會離開你。」祂讓我困頓迷失、痛哭吶喊、因質疑而提問，然後，祂慢慢地醫治我的心，幫助我相信祂、倚靠祂。

我和傑夫分手後，我常常整個早上坐在沙發上，任由自己淚如雨下。分手是我主動提出的，所以我理當是堅強的一方，不是嗎？但這其實是自欺欺人的謊言。事實上，不管由誰先提議分手，感情終止對任何一方都是莫大的失落，都需要歷經一段哀傷期。我不但深愛傑夫，他也是我最好的朋友，因此要結束這段關係，談何容易？而我曾經憧憬的、本該發生的美好未來，更讓我百般不捨。但在那段時間裡，上帝讓我看見，我這一生不論誰走近或遠離，祂都會一直與我同在。有了祂，便有了一切；唯祂，足矣。至於我的靈魂，除了祂，沒有人能滿足。

之後，查德提出分手，讓我再度承受許多傷痛——尤其是長時間以來不斷使我信以為真的那些謊言，更是讓人痛苦。我第一次深切感到自己需要去原諒一個人，即便對方從未冀求我的寬恕。有好長一段時間我都憤憤不平，想著「他怎麼可以這樣待我？」。他許下那些他根本無法兌現的諾言，深深蒙蔽了我。我發現，如果我不能原諒他，我的人生可能就無法再繼續前進了。

我很討厭那種有關「原諒與遺忘」的老生常談，因為根本不可能做到。你怎麼可能忘記那些衝著你而來的傷害和打擊，然後說算就算？然而，在感情世界裡，這句話顯得格外真實而重要。當你選擇要原諒一個人，那從來就不是瞬間或一次發生的事，而是持續進行的行動。即便你當下決定要原諒對方，每一次當那些傷害你的畫面與話語再度侵入你的心時，你都必須想起自己已經原諒對方了，然後，努力選擇不去接受那些罪疚與指控。

在舊約聖經裡，以色列百姓會在不同地方用石頭堆疊祭壇，用來紀念一些別具意義的事件，例如神帶領他們經過曠野、在他們面前分開紅海，或是為他們所做的一些奇蹟。因此，為了紀念某個時刻的神對他們的意義，他們堆積石頭、建一座祭壇，以後只要他們每一次經過，或很久以後當他們後代子孫經過時，都會再度記起神的信實與恆久不變的愛。

當我們決定原諒時，也像在一個特定時刻蓋一座標示著恩典的祭壇。表示結束了，我們原諒他們了。雖然這條寬恕之路仍需漫長的醫治，但至少我們可以走出啃噬內心的苦毒或怨怒，而選擇恩典。我知道我需要為查德蓋一座寬恕之壇，然後才能繼續往前行。我不想再任由憤怒或恨意將我淹沒。

有趣的是，雖然他並未以最理想的方式與我分手，但如今回頭看，那其實不是一件壞事。當他察覺到我們的關係無法延續下去時，他立刻向我提出分手，後來我才知道，原來是他的導師提醒他，如果他真的確定自己不是我的白馬王子，那就要立即懸崖勒馬，好讓我真正的白馬王子有機會前來。只是那樣決絕的分手，就像狠狠撕下貼布，會讓傷口疼痛難當。

即便如此，我還是感謝他這麼做。他沒有浪費時間，也沒有繼續給我虛假的希望，而是連說話的機會都盡可能避開，即使我因此備受傷害，但那確實幫助了我一步步擺脫失落與創痛。他知道我的心一時之間還無法抽離，所以給我足夠的空間去調適。我想，如果他在分手後持續打電話、傳簡訊或再約我見面，那我的復原過程恐怕會拖得更久。

## 警示的紅燈

其實，不論分手是為了哪個理由，我們永遠不可能分得很完美，它終究令人受傷。但有時候，如果明知沒有未來，速速分手才是當下最美好的決定。如果你已經確定對方不是你想要相伴一生的人，請果決地中斷這段關係吧！如果你已看見警示的紅燈，那還考慮什麼？分手吧！

先說說警示的紅燈。要怎麼發現它呢？那需要你費心留意。這麼說吧，如果你的交往對象事事想要掌控、對女性露出不安分的眼神、有情緒問題、會酗酒、色情成癮，或是你的朋友家人都不認為那是個理想人選，如果對方符合以上任何一個條件，你就需要嚴肅地正視這個問題，當機立斷終止交往。

不幸的是，許多人明知那些警訊，卻視而不見，因為他們已經和對方交往一段時間了，或是貪圖僥倖，覺得這些警訊不會發生。於是他們決定妥協，因為他們害怕以後找不到其他對象，或是因為他們已經等得太久了，不甘就此放棄；也可能是他們對交往對象執迷不悟，所以變得盲目。如果你們當中有人正好處於交往的這一端，類似這樣的錯誤想法不免會被帶入你未來的婚姻，而讓情況越來越糟。那會摧毀你的婚姻，也會危及你與你的內心。最好的方式是，在與對方進入婚約或陷入病態的關係之前，冷靜地割捨這段關係。那是對你們彼此最好的方式。

我已經學會了一件事——任何一段關係都有它美好的一面，而一旦我們選擇了耶穌並願意跟隨他，那麼，**沒有任何事情是徒然發生的**。不管你投入一段什麼樣的關係，不管你歷經什麼樣的分手過程，這一切總帶著特別的目的，從不白白發生。即使結局看似不夠圓滿，也沒有失敗這回事。上帝會使用這些不圓滿來使你成長，變得更整全、更聖潔。這些過程會使你明白在一段關係中最重要的是什麼，以及如何與異性互動。這些歷程也將教會你各種溝通的技巧，學習什麼是真愛、如何忍耐與持守盼望，如何看見他人的優點，以及學習原諒。

即便在最糾結的關係中，不管那是如何不健康的關係，只要我們將它交給上帝，祂終究會將一切錯亂轉為美好。上帝未必會將對方帶回你身邊（如果那是一段不健康的關係，我真的不覺得你們應該重新交往），但祂會修復你受創的心，將恩典澆灌在你身上，使你更為成熟，並用你的故事來幫助與安慰其他人。想想看，那不正是恩典的本質嗎？那不正是生命的意義嗎？一旦我們學會放手，奔向上帝懷中，祂將翻轉我們的生命故事，使一切缺憾成為美好。

我自己也需要從中學習一件事：**分手不等於失敗**。我記得當時我不論到哪裡都覺得不自在，不斷逼自己向別人解釋分手的始末，有時候也得忍受他人探詢的眼光或同情的眼神。坦白說，那種混亂、脆弱、無從掩藏的感覺，至今想起仍餘悸猶存。但同時，我也忘不了圍繞身邊的朋友們與他們的擁抱，他們無私的陪伴讓我放聲大哭。

**那些徹夜不眠的促膝長談。**
**那些清晨的對話，還有那些盼望的言語。**
**那些充滿仁慈、恩典的言詞與鼓舞。**

有時候，感覺一團亂也不盡然是件壞事，我們如果能將這些缺憾一一向耶穌敞開，奇妙的是，我們所需要的真正自由與醫治，終將成為真實。

不管你有著怎樣的生命故事——或許你有過「不健康關係」的不良記錄，或許你最近才和交往多年的對象分手，也或許你從未和任何人交往過，或曾經交往但感覺那不是最理想的一位——耶穌會把一切「舊事都變成新的」，他會以無盡的愛與寬恕來庇護你。

我與傑夫的交往過程非常獨特，我們開始交往，然後分手，再復合，最終結婚。當我和傑夫分手時，我其實不太確定自己為什麼要那麼做，我只是隱約覺得我該那麼做，我真的認為這是在順服上帝的旨意。我無從解釋這個決定的動機，但我很確定在當下，我將自己的夢想與希望都放在上帝手中，我決定放棄傑夫，全然相信祂。

至於我們是否能重新在一起，我毫無頭緒，坦白說，我不覺得我們會復合。當然，我想了好幾次，希望我們重新在一起，但我不曉得該從何下手。另一方面，我深知上帝會在我們身上完成祂的工作——將我們重新帶回交往的軌道上，或是為我預備更適合的對象。我的愛情故事在祂手上，我相信祂會為我撰寫最美好的內容。

我倚靠著〈約伯記〉四十二章二節的應許：「我知道，你萬事都能做；你的旨意不能攔阻。」

我知道，即便傑夫和我已經分手，我們又相隔兩千哩之遠，甚至不曉得一年後我們將飛往何處，但上帝就是有辦法將我們帶到彼此面前。沒有任何事可以攔阻上帝的計劃。但從另一個角度來看，假如我們不該在一起，那即便我再怎麼努力也會徒勞無功。

分手是個信靠上帝的絕佳機會。如果你清楚知道彼此在一起恐怕不是最理想的決定，如果你發現此人可能不是你適婚的對象，如果警示的紅燈已然亮起，或你們彼此實在需要一些獨處的空間，請問，你會全然信靠上帝嗎？你會選擇順服祂的聲音嗎？不妨打開雙手，讓祂全然介入你的生命。不要再將你的愛情生命緊握掌中，交託給上帝吧。將你的愛情想望當成一份祭物，欣然獻給祂。然後，讓祂成為你生命故事的作者。

**重點分享**

每一段感情的結束，絕不是徒然發生，也不會毫無意義。上帝會使用這些缺憾來磨練我們，使我們更整全、更聖潔。我們的愛情故事都在上帝的手中。我們可以放心相信祂、交給祂，祂必會把我們的生命故事寫得美好而精彩。

第
9
章

# 我們再也回不去了

泰勒絲（Taylor Swift）

✧ 傑夫的角度 ✧

想一探愛的面貌嗎？去看看耶穌吧！

「傑夫，我已經和別人交往了。」

那是我此生最難以承受的一句話。

我從未經歷家人至親的離世，也不曾被醫生宣告得了不治之症，所以我可以毫不猶疑地說，從艾莉莎口中說出的這句話，是我這輩子聽過最殘酷的一句話，或許那也是我此生最悲痛的一個時刻。聽到這句「宣判」的當下，我難以置信，感覺自己幾乎精神崩潰了。

為了讓你知道這個故事對我來說有多沉重，我先簡單講一下背景。接到這通電話之前，艾莉莎和我已經分手四個月了。她去完一趟為期兩週的短宣隊行程後，據說是「聽見上帝的聲音」而決定和我分手。這理由超經典的，對吧？面對這樣一份愛情，好歹也要花幾天時間好好想想吧！當你才剛從參加營會的興奮狀態中「返回人間」，便隨即做出這番宣示，你最好有十足把握確定那是從上帝而來的聲音，而不是熱狗或通心粉告訴你的（順帶一提，如果你真的聽見上帝對你說話，就照祂說的去做吧）！

也許艾莉莎認為，這樣講對我的殺傷力比較輕，直接說她不喜歡我或她不覺得我們將來會結婚，可能對我太殘酷。但有時候亮出一張「上帝告訴我」的牌子，反而會把事情搞得更糟。好像對方可以跟耶穌直接視訊通話，而你還在用那種掀蓋式的老舊手機，連搭上線都沒辦法。她是聽到了什麼你聽不見的特殊指示嗎？

分手已成定局。如今回頭看，我發現自己當時並未真的認真跟隨耶穌，我還在重新整頓自己的生命狀態，慢慢適應自己嶄新的基督徒身分。我也必須處理內心的許多包袱，尤其是過去的感情關係。艾莉莎的年紀比我大，比我更早成為基督徒，也有一份穩定的工作。我得承認自己當時還不夠成熟。

在我們交往那段時間，我很害怕被拒絕，而那份懼怕已透過許多不健康的方向體現出來。比方說，面對她強烈希望我去做的那些事，我不但有所保留，也不輕易為此冒險。我太害怕失敗，擔心她會不喜歡我的某些特質。我並未認真面對自己所做的承諾，在某些事上，我其實很脆弱，因為我總是害怕她發現了我的缺點而離開我。這聽起來很可笑——我小心翼翼**不讓**艾莉莎看見我真實的面貌，最終這卻成了我們分手的導火線。因為我的自我保護心態，我經常以冷淡、保持距離、情緒主導的形象出現。直到她決定和我分手，我才驚覺自己有很多嚴肅的功課要做。

即便分手了四個月，我還是對艾莉沙念念不忘。她仍是那個我想要結婚的女性。於是，我開始針對她和我分手的種種理由，努力調整與改變。改變絕非一朝一夕的事，即使恩典不缺，我也充滿決心，仍需耗費一番苦工。對我而言，那無疑是一場搏鬥，我常摔得鼻青臉腫，然而醫治往往也出此而來。慢慢地，我找到了被醫治的恩典，也開始明白冒險的意義是什麼。

有一天，我決定去做她長久以來期待我為她做的一件事。我要把心裡的話一次說清楚。於是我傳簡訊給她，問她是否可以和我視訊。她一點頭，我即刻與她聯絡。

首先，我必須確保自己手上有一本筆記，寫滿我要說的話。我第一次對她表白「我愛你」，我告訴她，我要和她結婚，我可以為了她而搬到夏威夷（老實說，這樣講實在蠢爆了。哦是的，我是真的心甘情願為這段感情而「委屈」自己搬到全世界最美麗的地方去住。真是越描越黑啊，傑夫！）。我一口氣說了大概有二十分鐘，把我一直不敢說出口的話以及我知道她期待我說的話，都全部說出來。

行家提點：如果你發現自己的處境和我相去不遠，記得要先讓對方開口。

二十分鐘的演講結束後，我想這應該足以打動我心愛的女孩了。萬萬沒想到，艾莉莎回答我：「傑夫，你說的那些話讓我很感動，真的很棒。但是……我有男朋友了。我已經準備好和別人交往了。」

我愣住了，震驚、尷尬、困惑與悲憤的情緒陸續襲來。聽到這句宣告的最初數秒鐘，我好像經歷了身為人所能承受的一切負面情緒。

然而，我也同時認清一個事實，不論她的反應如何，**我終究還是得表達我要說的話。不管如何，我都需要這麼做**。因為，愛就是愛，總要經得起冒險。而且，愛，本來就充滿被拒絕的可能性。一段時間之後，還可能會有傷害、破壞、哀傷，以及分手。

## 命中註定的那一位

這一切可以追溯到伊甸園最決定性的那一天。神創造了人類，開啟了創世以來的第一個愛情故事——有關男人與女人之間的故事。神交給他們一份職責：「去，像我那樣去創造一切美好與秩序，多生一些孩子來幫助你們執行這項計劃。」（很顯然這是我的用詞）為了完成這份職責，這對男女需要倚靠造物主的智慧引導，來建立彼此之間的親密關係。然後，神提醒他們不要去吃園子中央那棵樹上的果子，那棵樹會給予他們「自以為」的智慧，而不是從造物主而來的智慧。所以，一切就看他們自己決定，要讓神來當神，還是自己來當神。

他們選擇了後者。從此以後，一切都碎裂了。

創造不復存在，而今僅存的是拆毀。
生命不復存在，而今僅存的是死亡。
花園不復存在，而今僅存的是荒漠。

頃刻間，所有詛咒由此開了頭，再也停不下來。自從亞當、夏娃吃下那顆果子，神聚焦於這個世界的關係——男人與女人的婚姻——便成為破壞與毀滅的起始點。

我們回不去了，被撕裂、分離。

我們隱身躲藏，變得無地自容。

罪惡首先潛入這個世界的地方，就是婚姻。撒旦似乎知道婚姻對神的故事而言有多麼重要。而今，那個完全映照出造物主美善與恩慈的形象，早已成為支離破碎的鏡子。那個形象被扭曲了，而最大的諷刺是，父母人性中的殘缺，卻透過表達真愛的媒介——孩子——來傳承下去。

我們的父母都知道什麼是真愛，只是他們搞丟了。因此，我們生來便失落了這一塊，於是，打從出母胎的第一口呼吸開始，我們窮盡一生在追尋這份真愛。自從在伊甸園的那一剎那，愛——真愛——已被扭曲、被壓碎、被玷污、被破壞殆盡。在這個時代，「愛」這個詞彙已背負數千年的謊言包袱，對大多數人叨絮著徹底背離原意的內容。

最大的試探，就是當你開始認定，愛就是我們想像中的那樣，或我們曾經經歷的那樣。其實不然。愛應該是最初被造的那樣，愛應該是兩千年前在耶路撒冷外的各各他山上所發生的那樣。因為那才是能拯救我們的愛，而愛的面孔——就是耶穌。在那裡，我們不再彼此猜疑。在那裡，那位創造宇宙萬物的神正是約翰所說的「愛的本身」。祂不僅親自進到我們的故事中，還捨棄祂的生命，只為了要使我們更靠近祂。沒有勉強，更不脅迫，只是拼命求取。那就是愛。

即便很多電影不斷遊說我們相信所謂命中註定的「那一位」，但其實我不信這套。愛不是童話故事（當然，愛**曾經**是，但自〈創世記〉第三章開始，愛就變得錯綜複雜了），就連好萊塢都深知這一點，所有最經典的愛情童話故事，都是在真實生活即將展開的那一刻，電影便結束了，不是在男女主角彼此允諾的瞬間，就是在他們正要開始一起生活的時候。

我真想看一部以「決定攜手共同生活」為開場白的電影。想看看那些演繹伴侶衝突、爭吵、承受壓力、傷害、痛苦、瑣碎家務、精疲力倦、挫折失落、待繳賬單……以及族繁不及備載的情緒與感受的電影。然後，我們再來看看電影謝幕前會如何告訴觀眾：「從此以後，他們過著幸福快樂的日子。」

許多時候，因為我們誤以為那個對象就是「命中註定的那一位」，而把自己逼到苦不堪言。許多人終其一生尋尋覓覓「那一位」，卻少有人能徹底明白，所謂「那一位」不過是浪漫喜劇所虛構出來的想像，絕非出自聖經。

我怎麼知道艾莉莎是不是「那一位」？因為**我和她結婚了**。就在我將我的生命與她結合的那一刻，她就成了「那一位」。我知道這麼說一點也不浪漫，但艾莉莎和我都同意，我們其實都可能和其他人結婚，或許婚後生活也會過得幸福而美滿。

重點不在於去尋找神話中的獨角獸，而是找到某位可以成為彼此最棒人生伴侶的人。坦白說，所謂「那一位」的說法一點也不合邏輯，搞不好只是一萬五千年前有個男人娶錯妻子（不是註定的那一位），然後展開無止境的循環，一路傳承到你我身上。

雖然我們不太願意承認，但事實上，想要尋找「那一位」的渴望，其實來自我們心裡，因為我們滿心期待和想像中的「那一位」結合，期待那是一個我們不必改變太多就超級適合的完美對象，於是我們不需要成長、不需要學習、更不需要改變。

但這樣的期望終將壓垮另一個人，因為沒有人可以承受那般沉重的壓力。人們免不了會互相傷害、使彼此失望，有誰能純潔無罪呢？想成為別人的拯救者，是不可能達成的使命，唯有耶穌能夠承受這樣的重擔。如果我們明白自己的期待有多沉重，就能釋放自己，也釋放對方。

在上帝的守護下，會有一定程度的醞釀與安排而把兩個人連結一起。如果你尚未進入婚姻，上帝可能會為你預備一個你甚至從未謀面的人，所以我們需要格外留心。我經常看到許多伴侶試圖合理化自己的離婚，說他們的配偶根本就不是那一位。但艾莉莎和我早就明白，這世上有太多可以結婚的理想人選，只不過我們選擇了彼此。那才是真正最關鍵的重點。

我很期待有一部電影，描繪一對新人站在婚禮的祭壇前，如此表白：「在尋覓的過程中，我們有很多機會與其他人結婚，我從來就不相信有什麼命中註定的『那一位』，我只相信，我選擇了一個人來愛、來為他付出一輩子，而我，選擇了你。」

我知道這種電影永遠不會出現，因為這樣的情節太無聊了（而且毫無浪漫可言）。但事實是，真愛往往是無聊的。

**真愛是在你不想動手的時候卻勉強自己去洗衣服，因為你的伴侶需要休息。**

**真愛是即便在你最沒感覺的時候，仍選擇去愛。而且，天天如是。**

**真愛是跟對方說第一百萬次的對不起。**

**真愛是想盡辦法，找機會為對方付出。**

「無聊」鋪成一部爛電影，卻造就偉大的婚姻。愛情從來不是童話故事，也不是尋找風度翩翩的白馬王子。婚姻裡的美麗與神聖——同時也是最困難的部分——正是打從結婚那一刻開始，你一點一滴地發現對方**不是**你的的白馬王子（或白雪公主？我們需要更多創意的童話名稱），發現對方不是你想像中的他（或她）。而彼時彼刻，才是真正喜樂出現的地方，就在一團混亂的戰壕之中。

## 感覺與承諾

兩性關係裡最悲慘的事情莫過於：你期待夢幻的童話故事，想從中得到婚姻以外的事物。那樣的心態將使你們的婚姻越走越辛苦，因為**你根本沒有認清事實**。你一心冀望的，其實並非愛的真義。

愛不是一種感覺。當然，在你約會時，對方深情地看你一眼，你可能就興奮得快暈倒了。但那種激蕩的感覺並不是愛。

前陣子在旅程中，我打算在機場的椅子上補眠。如果你也有過類似的經驗，就知道這樣不太可能真的睡著，但我還是想試試。

我緊閉雙眼，看起來像是熟睡了，坐我隔壁的一對老夫妻大概覺得我不會聽到他們的對話，便開始聊天。他們大概六十歲左右，或許已經結婚三、四十年了，他們正與一位年約三十歲的女性聊天。聽對話內容，我判斷他們應該是在機場初次見面的朋友。聊了一陣子，開始聊到婚姻的話題，較年輕的那位女子提及她最近才剛離婚。老夫妻好奇問原因，她回答：「不知道為什麼，我和丈夫都不再感覺快樂。」

離婚的理由無奇不有，但她這個「不再感覺快樂」的說法卻把我給難倒了。快樂是一種感覺。我有時候感覺快樂，有時候不覺得快樂。有時候，婚姻裡的事物令我快樂，但有時候，同樣的事物卻令我快樂不起來。那是一種稍縱即逝的感覺。有一個離婚理由可能跟那位女士講的很類似，就是你們不再相愛了。我不會責怪那位女士，因為她所做的，正是當代文化灌輸我們該去做的事——跟著感覺走，才是王道。

但是，因為不再相愛就要終止婚姻關係，那跟車子沒油就要把車子賣掉一樣奇怪。你不會把車子賣掉，而是會把油箱加滿，好好照顧它。你會定期把車子送去保養、檢查，有必要時就換個新車牌，就像你也需要更新你的婚約一般。愛從來不是一種感覺，而是一份承諾，大家一同遵循。承諾比較像是汽車，感覺則類似掛在後面的拖車。你不能帶著一台拖車到處走，但如果拖車緊扣在汽車後面，那麼汽車去哪兒，拖車便跟到那兒。由承諾來驅動車子，感覺也會一起跟隨。但若由感覺來驅動車子，恐怕你會一整晚都坐在停車場裡，好奇自己怎麼哪裡也沒法去。

機場的那對老夫婦靜靜聽那位女士訴說，回了一句「真是遺憾」，然後禮貌性地鼓勵她。我略略睜開雙眼，捕捉到老夫妻眼神中一閃而過的心痛，彷彿想暗示對方：「親愛的，婚姻和快不快樂是兩回事啊。」

這對老夫妻結婚的時間比我活著的時間更長久，我確定這段期間總有些時候（我猜不會只有幾個月，而是以年來計算）他們會覺得不快樂，想要放棄這份愛情，開始思索結束可能會比繼續努力來得好。

沒有人能走過五十年的婚姻，只因為婚姻既簡單又輕鬆。
沒有人能走過五十年的婚姻，只因為他們一直處在「愛情狀態」。
沒有人能慶祝結婚五十週年，只因為浪漫的甜言蜜語一路牽引他們至此。

那正是為何心理學家保羅．杜尼耶（Paul Tournier）這麼說道：「我結過七次婚，每一次都和同一個女人結婚。」

他從未離婚，他只是以一種特殊方式來形容他的婚姻不斷地改變與轉化，而那樣的轉變從來不是離婚的理由（請注意，我說的不是婚姻中的有毒元素，譬如色情成癮、婚外情或家暴，那是兩碼子事）。

我經常聽到一種說法，和我在機場聽到的對話有幾分類似：「我太太好像變了個人。有一天我醒來，發現她不再是我當初結婚的那個她了。」然後他們開始想：「這段婚姻應該結束了，因為我的伴侶已不再是我曾立下誓約的那一位。」

我要強調的是，有時候你的伴侶確實會變成另一個人。事實上，你的伴侶一直都在變成不同的人，因為**人都會改變**！我自己也不再是五年前的那個我了，一年前的我和現在的我改變更大好嗎！我們每個人都在改變、追尋與成長，期待自己變得更好。然而，在婚姻祭壇前所立下的誓約，可以包容與含括那些改變。誓約就是在說：**無論我們如何**

**改變，婚約始終不變**。

如果愛不是一份承諾，那麼，我們所說的婚約有何意義？那句「直到死亡將我們分離」的意思，可不是指「直到我們對彼此沒有感覺」啊！

## 承擔的勇氣

在我的青少年時期，我對未來人生有一套預想，我只想做讓自己最快樂的事、把自己放在最快樂的位置、為自己找到最精彩的一切。於是，我的行動與決定都是以這個原則為依歸，簡單純粹的自我中心。當然，我的感情世界也是一樣，從高中開始，我把一切人際關係當成為我服務的管道，給我一切我想要的，其餘免談！我的人生就是要輕鬆愜意。

當然，我沒有公開承認或大聲說出來，但我就是活出了那樣的生命態度。其實我們或多或少也曾這麼活過。對我們而言，愛就是關乎**我們自己**；但對愛的本質而言，自私無法與真愛並存。我們都知道，不能一開始就大剌剌地表現出真正的自己，總要稍微隱瞞、掩飾一下，才能讓愛情關係在前幾天安全過關。大部分人都曉得，即便我們為對方付出或做出「極美好」的事，在我們內心深處，其實是期待能夠得到相應回饋的。

作家柯絲丁．金（Kirsten King）曾經寫過一篇敏銳而露骨的文章，題目是〈我不欠任何人身體〉（I Don't Owe Anyone My Body），文中敘述她在一個男女約會網站的配對下，兩次和一個名叫提姆的男生約會。在第二次約會之後，提姆想盡辦法要和柯絲丁上床，那幾乎已經是大部分女生心照不宣的一種壓力，但柯絲丁不為所動。最後提姆忍無可忍，一邊離開一邊生氣地說：「我帶你去吃吃喝喝，還請你去看表演。拜託，對你們這種隨便認識的女生，大部分男生根本不會像我這樣付出！」[1]

雖然這是比較極端的例子，但我們其實對這種發展並不陌生，只不過我們做得比較有技巧而已。當我們和伴侶為了瑣碎的家事而爭執不下時，不也是這樣嗎？把當年為對方所做的那些事情拿出來邀功。

也或許我們沒有說出口，卻在心裡抗辯：「但，都是我……」但，都是我把垃圾拿出去、都是我洗碗耶，為什麼她就不能讓我休息一下？但，都是我辛苦工作才存到這些錢，為什麼因為她不想要，我就不能買一輛新車？

「愛」不是你應得的權利。不是你為誰做了什麼事，你就理當得到想要的東西。

如果是那樣，那是愛嗎？

愛是求取他人的最高福祉。愛是尊崇對方，使對方高於你。愛是耶穌。或者我們以另一種更貼切的說法來表達，如果你想要知道愛的面貌，看看耶穌吧！那位宣告自己就是神的猶太導師，毫無保留地傾注每一份力量，不為自己，只為別人與上帝的耶穌。那位愛到傷痕累累的耶穌——那不是抽象的形容詞，而是真正的鞭打與傷痕。那位被釘在兩塊木頭上、並列於兩位罪犯之間，飽受酷刑折騰直到死去的耶穌。那位原本無辜卻要受苦至此的耶穌。那位死去的耶穌，因為他的死，我們才得以活。那位在人性對他做了最慘無人道的事情時，竟能說出最溫柔言辭的耶穌，他說：「父啊，原諒他們，因為他們所作的，他們不知道。」

為一群人的過犯而求神寬恕的耶穌，卻在同一時刻被同樣一群人吐唾沫、羞辱、嘲笑。當我最終明白這一點時，我被徹底改變了——那改變了我追求、珍愛艾莉莎的心態，我願意為她冒險。

當我們第一次約會時，我太年輕，因而在跟隨耶穌的事上，我並未做足功課。我沒有為愛承擔的勇氣，也不真正了解真愛是什麼。我沒想過要去承擔愛的風險或讓自己置身其中，因為我怕被拒絕，更怕因此而受傷。然而，就在我們分手時，我豁然了悟，原來冒險與承擔才是「愛」最重要的本質。勇於出擊才是愛的行動，而非「先觀望一下，看看他們先採取什麼行動，我再來回應，免得到時候尷尬又受傷」。

1 Kirsten King, "I Don't Owe Anyone My Body," Buzzfeed, January 27, 2016, https://www.buzzfeed.com/kirstenking/i-dont-owe-anyone-my-body?utm_term=.mdlye2c20#.ec6GERdR9.

我當時也不明白，原來愛是關乎付出，而非一種感覺；愛是關乎承諾，而非尋歡作樂；愛是攸關誓約，而非訂定合約。

我第二次對此領悟更多，是因為我決定去尋求愛的源頭。我們不需要在那裡困惑、猜疑。我們知道什麼是愛——或至少我們已經知道「誰」是愛了。

**重點分享**

真愛牽涉到相當大的冒險。你若想要真愛，你必須坦露你的脆弱。如果你專注於自我保護，老是想著如何讓自己免於受傷，那你永遠也無從明白愛的深度與喜樂。冒險與真愛，缺一不可。

愛的最基本元素，是對他人的付出。大多數時候，我們無從知道對方會如何反應，但我們可以率先採取愛的行動，因為耶穌先愛我們，也先為我們付出。

第10章

# 當我六十四歲時

披頭四（The Beatles）

✧ 傑夫的角度 ✧

如果你以為婚姻只是你個人的事，

這樣的婚姻可能難以持久。

剛開始和艾莉莎約會時，我害怕得不得了——我怕自己毀了這段感情，我怕她看清我的真實面貌而逃開。我會害怕，是因為我從未以正確的方式開始一段愛情關係。跟隨耶穌，使我看清過去情感關係的謬誤之處，難怪我的每一段感情都帶來嚴重的負面影響。也因此，當我開始與艾莉莎約會時，我給自己相當大的壓力。然而我也很快就明白，在進入一段關係前，應該要設定好願景與界線，但很多人（包括我自己）並未做到這一點。我們從未好好問自己：

**我為何與這個人交往？**
**我和這個人的關係將把我帶往何處？**
**這個人會使我成為一個更好或更糟糕的人？**
**我們兩人的天賦適合相輔相成，還是各自發揮？**

如果我們在交往之前都能如此自我檢視，就能取得更理想的起點。但很多時候，這些都不是我們進入一段親密關係的理由，很多人是從情慾或迷戀開始的。坦白說，我在遇見艾莉莎之前也是這樣。

然而，艾莉莎和我在交往初期，便訂下了明確的目標。我告訴她，我要在與她結婚、和她一起開創未來的前提下，才開始與她交往。我不是要馬上或隨時準備好和她結婚，但結婚就是我們的願景。

不過，你不是一定要跟每個約會對象都設定結婚的目標。在我看來，這是宗教文化有待檢討的問題，尤其在基督教大學裡，許多女生都很害怕和男生一起去喝咖啡，因為隔一天，這個消息就會傳遍校園，然後大家會猜測你們可能下個週末就要結婚了。

簡而言之，我對各位夥伴的建議是，要有願景與目標，但不要矯枉過正。喝杯咖啡聊聊天，不過是一般朋友的社交，不需小題大做。對於二十歲剛準備要約會的男生，我能給的最好建議是**以平常心看待**。

一開始，艾莉莎和我花了些時間來了解彼此。我觀察她在群體裡如何與朋友互動、她的休閒娛樂、人生目標——這些都是在**完全投入**一段感情之前值得好好了解的事。建立友情基礎，是最重要的第一步。

留意對方如何與他人互動，是個認識對方的好管道。讓你藉此預見兩、三年後，當交往關係從熱烈回歸平淡時，她會如何對待你。各位女孩們，這裡有兩個重要觀念提醒你——首先，觀察他如何對待他媽媽，那將是他婚後如何對待你的範本。他充滿關愛、善意、敬意、慷慨與同理心嗎？再來，想像一下你未來的兒子，他長大後可能言行舉止都像極了你的丈夫，如果這樣的想法令你不安，那你或許該跟對方分手；但如果這讓你興奮欣喜，就是個好徵兆。

我和艾莉莎非常確信我們互相吸引，也十分樂意給彼此一個帶有目標與願景的交往機會。過去幾年，我看見周遭很多朋友（包括我自己）把喜歡的人當成「一起玩」的對象，徹底低估了那對我們內心各種層面——包括感覺、情緒、歸屬感與各種渴望——會有什麼影響。如果我們以為自己可以投入一段不需承諾的浪漫關係、又能絲毫不受影響，那顯然是太天真了。一段缺乏目標與願景的關係，最終會為雙方帶來負面的影響。最麻煩的地方在於，我們的文化加重了這種觀念。無論男生女生，似乎都要學會聽懂與運用言詞背後的意思。

這個世代，「傳訊息邀請某人外出碰面」就等於「我們出去約會」，但我們的用字要刻意輕鬆、有點語焉不詳，以防任何事情發生時，我們可以全身而退，因為「我們從來沒約會過」或「反正我們又不在乎」。

我深諳此道，因為那正是我多年來的真實寫照。在一段關係中，我總是以最少的付出、最低的代價來達成我的目的，但這麼做不但傷害了別人，也幾乎毀了我自己，那一步步腐蝕了我的人性。表面上看來是我掌控了一切，其實是我徹底被恐懼所支配。

想要免去傷害，最簡單的做法就是免去冒險。但是，免去冒險，肯定也會免去真愛與喜樂，甚至使一顆心變得剛硬無感。

我從未見過一段感情因為兩人**過度溝通**而以傷害或困惑告終，卻經常看到許多感情因為**溝通不足**而搖擺不穩，甚至影響了未來關係中的其他對象。

**最高祕訣**：不要拐彎抹角。直截了當，坦誠相待。

我最近聽到有人這麼說：「不打算結婚的交往，就像走進超市但口袋沒錢。你要不是空虛地離開，就是拿了不屬於你的東西。」雖然這個比喻不是很完美，但它說到了重點：沒有願景與目標的交往，通常以傷害與困惑告終。

交往的目標與願景之所以如此重要，是因為情感是我們生命的根基。也因此，一段感情的起始才顯得格外重要。無論這段關係的基礎是什麼，那都是支持這段關係繼續往前走的根基。所以我們要問自己，什麼才是最好的根基？

如果你們每天花百分之九十的時間在一起，這將成為你們這段關係的基礎。
如果你跟人交往時持續瀏覽色情資訊，這將成為你們這段關係的基礎。
如果你心懷目標與願景，誠懇地與人交往，這將成為你們這段關係的基礎。

如果你已經進行到最後一項，那麼，你已經調整好自己、為進入婚姻而做好準備了。此時，願景、目標不再只是美好可愛的事物，而是不可或缺的必要元素。一段漫無目標的婚姻，嚴格說來不算婚姻。或者換個角度來說：如果你的婚姻只有你自己，這段婚姻大概無法維持太長久。

當然，即便你不曉得目的地，你仍然可以朝著正確方向繼續前進。但是，如果你手中有一張地圖、有願景與目標、知道終點與目的地在那裡，你就可以少繞遠路，少遇到路障，也少浪費汽油。

## 我們的花園是什麼？

這裡提供一些直探核心的問題，來引導你判斷一段感情的優劣。

首先，這個對象是否能擴展、幫助你回應神放在你生命中的願景與使命呢？

其次，你感覺與對方的這段關係，將你的人生引導到更理想或更糟糕的地方？

為何這至關重要呢？因為：一旦你進入婚姻，那就是可以塑造未來的你的強大影響力。我每次聽到基督徒朋友談及何為基督徒時，心中都非常不解，尤其當我聽到他們把基督徒等同於「上教會」、要「成聖」（那是與「壞人」有所分別的說辭）、唱聖歌，還要盡可能地「屬靈」。

但那其實不是基督徒的真正意義。成為基督徒，意味著成為耶穌的跟隨者，成為披戴上帝形象的人。什麼時候當你稱職地帶著上帝的形象，你就是耶穌真正的跟隨者。

很多人努力想成為天使——而非人類。事實上，天使並沒有帶著上帝的形象啊！你可以翻開聖經，看看天使們大部分時間都在做什麼：是，他們在敬拜、唱讚美詩、俯伏在上帝寶座前。

但人類不只如此，上帝還給了人類一份**待完成的職責**。禱告與敬拜當然很重要，但肯定不是生而為人最核心的意義；成為人的意義是要竭盡所能去創造、培養與發揮各樣天賦恩賜，然後緊緊跟著上帝去建立祂的國度。

關於〈創世記〉的起始，存在一個普遍的誤解，令人誤以為整個世界是一片祥和美麗，就像伊甸園般完美。但有些聖經學者卻相信，在伊甸園之外的大地，是充滿野性的荒蕪與混亂。其實〈創世記〉有個基本假設：上帝從混亂中創造了秩序，祂也希望我們同樣這麼做，祂指著一座花園，對人類說：「去吧，將其他地方也做成像那樣的花園，好好去管理它。去開墾與整地吧！」

最初階的園藝工作是就地取材，把原料改造為美觀又實用的景物。就字面上的意義而言，那意味著拿原料——種籽、泥土、水——來耕種栽植，以賦予他人生命。從比喻的意義而言，我們每個人都是稱職的園藝能手：藝術家手執畫筆與畫布，便能繪出精彩畫作。音樂家取幾個音符與樂器，便能彈奏出美妙樂音。奧林匹克選手控制營養、訓練，進而展現驚人的表現。他們都在努力從事「園藝工作」。

那正是創世第一段婚姻成立的目的。而每一個人——不論已婚、交往中或單身——都是這個大計劃中的一份子。去吧，去創造與培植，開始磨練手藝，準備成為這篇偉大故事中的其中一個角色。所以，難怪上帝在同一段內容中命令亞當與夏娃去治理這片大地（創世記 1:28）而且還要多結果實，生養眾多，遍滿地面。他們被賦予一個重大使命——把這片大地治理得井然有序，而今，這份工作仍在進行中。從創世初始直到現在，婚姻與工作都是密不可分的關係。

每一個人，無論你單身或已婚，都是園丁。事實上，我記得使徒保羅（保祿）曾在他的幾篇書信中提及類似的狀況，他說，想要把那些園藝工作做好，單身可能比已婚享有更多自由。

然而，不論單身或已婚，我們更需要釐清的問題是，**我們的花園是什麼？**

我和艾莉莎曾經從許多不同面向來回答這個提問，為免我們在婚姻中迷失目的地，我們特意將這個重要提問擺在眼前。我們最常用來檢視這項提問的方法，是找出特別符合我們當下處境的關鍵字，再記錄下來：慷慨、好客、家庭、書寫、教導、婚姻——這是最能代表我們「花園」的描繪。

**慷慨**。我們想在這個階段學習不同於「十一奉獻」的付出方式。因此，我們每個月把該捐贈的金額分出來，直到我們聽到某些需求的聲音，或神把一些人的需要放在我們心中，我們便將這筆錢奉獻出去。可能是幫助糧食匱乏的朋友、在朋友的領養程序上提供金錢援助、為一對夫妻安排飯店住宿作為驚喜禮物、一份晚餐禮券，或自願照顧別人家的孩子……等等。這一切付出，只因為我們想要善盡管家之職，好好打理神賜給我們的花園。

**好客**。我們相信「家」是神聖的，因此，每一頓餐食都是獨特而美好的時刻，我們也藉此想起耶穌在世時，人方地邀請我們與他一起坐席吃喝。所以，我們總是費心安排每週一次的「守安息日」。在這一天，我們關掉手機，安心吃一頓飯，慶祝神為我們所做的一切，然後在這一天好好休息。此外，那也意味著我們願意與朋友建立連結。有時候我們會自己做菜，有時候是披薩快餐，不過，很少有人會記得吃了些什麼，存留在大家心中的，始終是賓主盡歡的愉悅與款待。

和你的男友、女友或伴侶約會一個小時。去點一杯手沖單品咖啡（好吧，也許那只適合我——在此向各位咖啡同好公開致敬），帶一本筆記手札，同時帶著你的夢想、祈禱、笑聲，然後，勇敢去做吧！試試看，只需要這麼簡單的東西，開始「提問」，你就能滿載意想不到的收穫與驚喜。

據我所知，經營家庭與與親密關係的訣竅，和經營事業的手法，其實大同小異。所以我總是不明白為何西方文化在生意往來方面向來是從善如流，但在面對婚姻、家庭與其他關係的議題上卻如此薄弱無力。比方說，在事業經營上，要有明確的目標與願景是普遍的共識；如果一份事業不曉得自己存在的目的，恐怕無法長久經營下去。想要進一步影響其他人，知道「為什麼」比「什麼」更重要。

在事業經營上，宣示組織的使命也是不可或缺的一環。每季召開的會議，或一年一度的長假，讓我們可以休息、回顧與展望。難怪谷歌（Google）總部有溜滑梯、腳踏車和球池，我最愛的衝浪板公司高塔（Tower）設定每天工作五小時，皮克斯（Pixar）動畫工作室則接受所有員工對影片提供意見（一般只准執行者提出）。卸任的美國副總統拜登（Joe Biden）曾做過一件令人印象深刻的事，他提醒白宮員工，不要忘記任何工作夥伴的生日、週年紀念、家人的畢業典禮或其他重要日子。從這些例子中，我們看見他們不只是設定條規或製造公司樂趣而已——他們在創造文化。你創造什麼樣的文化，最終也將使你成為什麼樣的人。

經營事業如此，經營約會、婚姻與家庭也是一樣，需要時間、悉心呵護與計劃。讓我們想像一下，如果家庭是所有概念、目標、夢想與願景的核心價值與孵化基地，那會是什麼樣的一幅畫面？

和你的伴侶規劃好屬於你們自己的每週作息的節奏。先確定你們站在同一個立場上，確定你們有具體目標——至少你們可以藉此好好認識自己的交往對象。確定你會去找一位導師或輔導（某個在生命歷程中比你更資深的前輩、一位值得你信任的人）。確定你能善用手上的資源，為身邊的人帶來不同凡響的影響力。無論如何，有意識地去做。

一段有目標與願景的婚姻，才是能持續長久的婚姻，可以在歷經歲月磨練與努力經營之後，見到彼此的優點，欣賞彼此的天賦，然後完美融合。

當兩個靈魂，一男一女，共同走進永恆的約定時，那超乎了濃情蜜意與浪漫感懷，而是關乎這世界的救贖大事——打從創世之初便已開始，不斷延續至今。

婚姻，是神對這個世界的溝通管道，藉此將世界回歸原初的樣貌。婚姻是關乎耕種墾殖的園藝工作。在創世之始，神把亞當與夏娃安置在伊甸園，請他們「修理、看守」（創世記2:15）。換句話說，他們有任務要做。

去創造。去培植。去建設。

去**工作**。

請留意神如何祝福亞伯拉罕（亞巴郎），最終使他成為多國與多人的祝福（擴及整個以色列）。我們被祝福，是為了要去祝福這個世界。神把兩個生命放在一起，不是為了他們自己，而是要讓他們一起去愛身邊的人、服務他們的社區，並在周遭的群體與關係脈絡中，活出美好的生命。

重點分享

要確保健康的兩性關係，最佳途徑是積極、主動地出擊，而非消極、被動地回應。為你的親密關係設定願景與目標。在日常生活中建立安息日的節奏，安排晚上的約會時間，大方捐贈金錢給匱乏與不足的人，邀請鄰居到你家一起享用晚餐。讓你們的關係成為一份有意識、有意義的祝福，使身邊的人都因為你們而蒙福。

第11章

# 到了最終

伊特珍（Etta James）

✧ 艾莉莎的角度 ✧

若能找到一對年長的夫妻來陪伴與輔導你們——不只是訂婚前後的籌備期，而是持續整段婚姻生活——那麼，你們將受益匪淺。

二〇一二年四月二十九日，我陪傑夫到華盛頓西部的一間教會演講。能和他相處一整天、近距離聽他演講，令我興奮又雀躍。在那段交往期間，傑夫開始接受各方的演講邀約，我們相處的時間相對減少許多。

前一晚，我們去參加朋友的婚禮。基於某些原因，我以為他會在當晚向我求婚。我其實不是很確定，就是有一種感覺。我們當時已經上了訂婚前的輔導課程，而那位經常幫傑夫拍影片的朋友又剛好在那個城市，所以我想，如果傑夫想要把求婚過程全部拍下來，就一定是**這個**週末。

我還特別去做了美甲呢。我準備好了。那晚的婚禮上，當我們走出喧鬧的舞池，手牽手到外面透透氣時，傑夫問起有關戒指的事：我喜歡什麼樣的款式、怎樣的鑽石切割與分級等等。然後他話鋒一轉，說了很可怕的一段話：「我實在搞不懂鑽石到底有什麼了不起的！好多假鑽石看起來又美又便宜，何必花那麼多錢在一顆真鑽石上？」

當下我停下了腳步，一顆心不斷往下沉。我心想，這傢伙沒有準備戒指給我，他根本還沒準備好要訂婚，別奢望求婚了！

當晚，我又哭濕了枕頭。這聽起來有點誇張，但當時的我因為期待過高，失落感就格外強烈，幾乎被打擊到一蹶不振了。你可以想像嗎，我早已準備好要和這個男人結婚，而此時我才猛然驚覺，原來我這個小點根本就沒出現在他的雷達螢幕上（順道一提：

各位男孩們，大部分女生不在乎鑽石大小，她們要的不過是一枚真鑽石。眼前這個你喜歡的女生，肯定值得擁有真貨啊！）。

儘管如此，隔天看到傑夫時，我還是很興奮，只不過臉上的妝比平常稍濃一些，掩蓋一下浮腫的雙眼。演講結束後，教會的牧師與師母邀我們一起吃午飯（你如果了解傑夫，便曉得他從來不拒絕任何飯局的邀請），但出乎意料地，他竟婉拒了這個邀約。我不明所以，因為我們並沒有下一個行程，為什麼不能一起吃飯？我詢問他，他說他已經安排了特別的野餐約會。

然後，我發現他開始流汗了。

我們離開教會後，他說我們要出發前往吉格港（Gig Harbor）野餐，他已想好一個很特別的地點。這聽起來很不錯。當我們抵達目的地時，我已飢腸轆轆。我們走向一個綠草如茵的小山坡，小徑鋪滿白色雛菊，周邊則是木材圍籬，美麗而靜謐。然後，我發現小路兩旁點著蠟燭，玫瑰花瓣灑滿各處，再往前走，我竟看到傑夫和我的照片，從相識之初直到一個月前，一張張出現眼前。

**就是這一刻！**

這是我期盼已久的時刻，終於盼到了。我們駐足翻看每一張照片，我興奮得說不出話來。當我們走到海濱附近時，一塊野餐地墊已經鋪好了，周遭圍繞著蠟燭與玫瑰花瓣。我們坐下，傑夫開始娓娓敘述，告訴我他愛我，他不想再獨自生活，往後的每一天，他都想與我共度。我深深感覺被愛、被了解。然後，他拿出一個盆子，將保溫瓶的熱水倒入盆子裡，開始為我洗腳。

傑夫對我承諾，要用他以後的日子來服事我、愛我。我感動到眼淚潰堤，心中又是如此欣喜滿足，只能以微笑來面對。我一直夢想著有一天，我未來的丈夫可以在求婚時為我洗腳，但我從未告訴傑夫。因此，這是一個印證，確證他便是我生命中的男人。

最後，他終於拿出了戒指，問我是否願意成為他的妻子，與他共度一生。我根本沒看清戒指，便迫不及待點頭：「是！我願意！」要我說一百萬次也願意，我迫不及待想成為他永遠的摯愛。

我一點頭說是，傑夫的兩個死黨隨即從草叢後跳出，歡天喜地地跑過來。原來他們躲在後面，悄悄把剛才所有感人的畫面都錄起來了！我們興奮地開香檳，舉杯慶祝。此時，我才有機會好好端詳我的戒指。

炫麗，耀眼，美極了。而且是**真的**！（傑夫，這真的太不可思議了！）

接下來的每一天，我早上醒來都在想：「又更接近結婚的日子了，我即將和我所愛的好朋友結婚了。」之後，連續好幾週我都無心工作。我呆坐於辦公桌前，凝視手上的戒指。感謝我的上司，他完全了解我的心境，也寬容我的精神渙散。

每天下班回家途中，我一邊開車，一邊向上帝禱告，感謝祂賜我這份厚禮，感謝祂應允我多年來的祈禱。每每思及上帝的恩典，我便止不住淚流滿面。那些年來，我為我未來的丈夫不停祈禱，懇求上帝為我預備一個和我同樣愛著祂的男生，終於等到了。那些年與傑夫歷經了分手與復合的交往，終於塵埃落定了。這一切最終來到一個匯聚點，在這裡，我如願以償，美夢成真。雖然不盡完美，我們倆更不是完美的人，但我可以信心滿滿地說，眼前的一切，遠比我過去所想像、所祈禱的內容更美好。

因為上帝介入其中。祂將沛然的深愛傾注於我們身上，將最美好的禮物賜予祂的孩子們。我們結婚時的經文取自〈以賽亞書〉（依撒意亞）三十章十八節：「耶和華必然等候，要施恩給你們；必然興起，好憐憫你們。因為耶和華是公平的神；凡等候祂的都是有福的！」

傑夫正是我所需要的對象，並非因為他在各方面使我完整——我在基督裡才得以完整——而是因為傑夫彌補了我的不足，他與我相輔相成。我脆弱的地方，傑夫總是剛強。他會鼓勵我、為我禱告、聆聽我的心聲，沒有人可以像他那樣把我逗樂，更可貴的是他深愛耶穌。他是如此謙遜、善良、同理而勇敢。我知道和他在一起的生活不會沉悶，我也知道我會被好好珍視與照顧。我確信我們會同心同行，完成上帝託付我們的使命與工作，因為傑夫與上帝非常親近，也心甘情願地奔向上帝要他前往的方向。

對我而言，求婚與訂婚簡直是樂趣無窮。我享受與傑夫一起規劃婚禮，一起為新家添購東西，一起參加婚前輔導。我喜歡這種充滿目標、有明確日期的行事節奏。我們訂婚還不到六個月便進入婚姻，如今回想，我真不曉得當時是如何搞定婚禮的，尤其在傑夫經常外出演講的情況下，我們竟然完成了這樁人生大事。我每天都等不及要和他攜手走進婚姻。我已做好準備嫁給這個男人。

## 親密關係的試探

對我來說，交往之所以煎熬，是因為我不曉得這段路還要走多久。我一開始確定自己想和傑夫結婚時，我其實對他的想法毫無頭緒。他準備好了嗎？他是不是很快就會向我求婚？我們能一輩子相依相守，還是會因為某個突發事件而分開？這些我都不知道，但在我們訂婚後，感覺變得甜蜜起來，因為我們都知道彼此的想法了，也知道未來將往何處去。我們終於成了真正的「我們」，永遠的「我們」。

確定結婚日期後，親密關係的試探也變得更容易面對。我和傑夫決定要在新婚之夜才有性行為。我們知道那是最棒的決定，也是上帝稱我們為信徒的其中一個意義。兩人在交往時，持守身體接觸的最後防線非常困難，尤其對已經訂婚的人來說，在婚前享受性行為似乎更顯得理所當然。但傑夫和我都明白，有一個倒數計時的目標會幫助我們耐心等候。我們知道我們不會等太久的。

事實上，在訂婚之後，我們根本沒有時間去面對這個試探。那是最忙碌的一段時期。傑夫正著手寫一本書，大部分時間都在各州演講。直到結婚前一個月，我才有機會和他相聚兩、三次。而我們好不容易可以碰面時，還總是拉著一群人：我們的輔導、家人、共同的朋友。我們也沒有機會在夜晚單獨相處，因為隔天都要早早起床。無法頻繁見面，對我而言是度日如年般的難熬——我實在太想念他了——但也有好處，至少我們不必去面對身體接觸的試探。

設定明確的界線，有助於降低試探的強度。試探從未消失，但界線有助於相愛之人更容易克制與堅守。除此以外，讓自己置身群體之中，避免深夜外出或待在車上進行「深夜談話」，也不失為一種降低試探的方法。

教會的一對年長夫妻每隔一週就邀請我們共進晚餐，同時接受婚前輔導。我們會在談話中聊聊當下的情況、談論進行中的婚禮、規劃婚後的生活，再深入我們的輔導課程。我們一起閱讀提摩太・凱勒（Timothy Keller）的《婚姻解密》（*The Meaning of Marriage*），針對書中一些發人深省的主題進行討論與分享，包括人格特質、金錢管理與性愛等等。

我非常期待兩週一次的婚前輔導，面對關愛我們、想將最好的一切帶給我們的年長夫妻，我想從他們身上學習更多，他們也鼓勵我們倆成為堅強的團隊。在訂婚前，傑夫和我便對這些內容聊了很多，但能獲得長輩的支持，確保我們真的走在正確的方向上，仍使我們備受鼓舞。

這也給我們一個處理意見分歧的絕佳機會。印象中有好幾次，我和傑夫因為意見不同，而使我在餐桌上差點哭出來。當你們意見不合的議題很嚴肅，尤其是論及婚嫁的事情時，想法不同確實令人難受。正因如此，我們特別需要身經百戰的夫婦成為諮詢的對象——不只在訂婚期間，而是持續整段婚姻。

在你們意見不合時，與你們兩人都信任的年長夫妻談一談，是非常重要的事；你們可以向他們尋求協助，他們也能幫助你們從不同角度來釐清問題。我們討論（或爭吵）的東西包羅萬象，包括清潔、財務、衝突……這些生活中無法避免的問題。直到婚後的今天，這依舊是我們不斷努力、充滿「樂趣」的家庭故事。

我們也談到將來的定居之處，以及傑夫頻繁的出差行程。傑夫一直想找個比較接近貧民區的地方定居，並在同一處開展他的服事，但我不曉得原來他想在婚後才開始朝這這個目標努力。我們為此而與輔導我們的夫婦討論了好幾次，最後比預期還快地討論出具體的決定。當我們在華盛頓州的塔科馬市（Tacoma）附近尋找出租房子時，傑夫找到一間漂亮的獨棟房子，但隔壁卻是一間廢棄房舍，難怪那麼便宜！可是，由於傑夫經常不在家，他實在不放心讓我獨自待在那樣的房子裡。

是的，傑夫一心想要住在貧民區，但當許多現實考量接踵而至時，我們慢慢了解，那可能不是上帝對夫妻或即將有小孩的家長——例如我們——所給予的使命。

關於工作，我也面對了一些難以取捨的兩難。結婚後，我要不是保留現有的工作（但得經常獨自在家），不然就是辭掉工作，跟著傑夫一起四處走。當我考慮辭職時，我其實掙扎不已，只能以信心來跨越許多內在的不確定感。擔任高中輔導的工作使我快樂，收入也是另一個考量，我至少要在婚前存些錢——但我也知道，跟著傑夫到各地工作，將是我們這段婚姻生活裡最美好的事。

我很高興可以和傑夫一起行動，只是，我們在婚前輔導過程中一個很大的爭議點是，我們要以什麼樣的形式一起工作？傑夫經常接受演講邀約，我卻經常坐冷板凳，好像沒辦法給予什麼回應。我們在各別機會中學習，再決定哪種表達方式最適合夫妻搭檔演出。我們應該接受專職演講的工作，還是待在家裡？我們一步步走進彼此的世界，花了許多時間學會如何使兩人的生活逐步交融。

但那不表示我們第一年的婚姻生活從此風調雨順，只不過那些深度對話確實為我們的婚姻架設了穩固的基礎。我們從中學會如何建立共識、如何善用一些工具或媒介來針對後續議題進行溝通，也為我們未來一起生活做好萬全準備。我們婚後第一年面臨衝突而急需客觀意見時，便毫不猶豫地向那對年長夫妻尋求幫助。他們關心我們的婚姻生活，從不偏袒，並提供安全的地方讓我們暢所欲言。

因為上述的一切，當我滿心欣喜地籌備我們的婚禮時（嗯，就技術層面而言，我在兩歲時便已開始籌劃這場婚禮了！），我也藉此機會帶著滿懷憧憬，期待與我最好的朋友一同度過我未來的人生。訂婚是個回顧上帝信實的絕佳時刻，歡欣地接受祂為你們精心撰寫、遇見彼此的生命故事。以你們兩人的相遇與結合來向世人彰顯上帝的愛，無疑是最棒、最瘋狂的贈禮。

**重點分享**

訂婚固然樂趣無窮，但結婚卻充滿考驗，雙方需要費心而費時地彼此調適，學習如何磨合兩人在一起的婚姻生活。必要時，請尋求輔導與諮商協助，使你們的關係更為茁壯，且穩固成長。

第12章

# 與你相伴

約翰・傳奇（John Legend）

✧ 傑夫的角度 ✧

隱藏與躲避，會將親密感一拳毆死。

你知道嗎，在四福音書裡，只有那麼一次，耶穌**直接**回答一個問題多達七次？耶穌在世上的時候，不管在教導、回應別人的指責，或是開始傳道，他直接提供明確答案的次數，兩隻手就數得完。大部分時候，有人向他提問時，他會以故事來回應（他稱之為比喻），有時候則是以另一個問題來回應。

有一則記載於〈馬太福音〉（瑪竇福音）十九章的敘事，是我最愛的篇章之一。內容提到耶穌和當時的宗教領袖法利賽人進行對話。這群把整本舊約聖經背得滾瓜爛熟的人，對教條的遵守之嚴，足以令你們主日學裡最熟聖經的人都自慚形穢，任何與宗教或聖潔有關的要求，他們都嚴格遵守。

有一次，法利賽人來找耶穌，問他：「人無論什麼緣故都可以休妻嗎？」（馬太福音19:3）

其實，耶穌可以簡單回答是或否，或者提供一個明確的規範，說明只要跨越某個界線便可構成離婚。但是，他不想給這群人他們想要的「那種」答案——然而，我們卻常常想要一個直接、死板、硬邦邦的規條，毫無生命力可言。

我們很容易仰賴既有的規條，藉此知道界線在哪裡。有形的規範能讓生活變得更簡單，我們可以明確知道何時違規，或什麼狀況就算跨越了界線。但在現實生活中，如果規條夠多、夠完整、夠幫得上忙，我們就不需要耶穌了。耶穌比誰都清楚，一個直截了當的答案，只能滿足那些死守教條的「專業信徒」。

那麼，耶穌到底說了什麼？

事實上，對所謂的宗教律法，他隻字未提。

法利賽人質問耶穌時，是依仗著摩西（梅瑟）所說的：「合乎律法嗎？」他們想逮到一個時機讓耶穌與摩西的律法對立，以陷他於不義。但耶穌並未否定律法，他把問題還原到**最起初**的狀況中去探討。

他直接越過摩西，往前推到更早以前，追溯到第一頁。

於是，耶穌反問他們：「這經你們沒有念過嗎……」對反覆熟讀聖經的那群人而言，用這句經文開始回答可能是最適合的方式，因為這群人把聖經背得可熟了。基本上，耶穌在跟人講話時，通常第一句就會把人震住。

但這一次，他繼續解釋道：「那起初造人的，是造男造女，並且說：因此，人要離開父母，與妻子連合，二人成為一體。這經你們沒有念過嗎？既然如此，夫妻不再是兩個人，乃是一體的了。所以，神配合的，人不可分開。」（馬太福音19:4-6）

**法利賽人只對律法興致高昂，但耶穌想進一步談談何為創造。**

**法利賽人只對教條求知若渴，但耶穌要我們明白上帝的心意。**

了解這一點非常重要，因為我們的目光若只聚焦在教條上，我們不但會被絆住，甚至會被引至膚淺的婚姻觀，找不到任何親密感、生命力與喜樂。

這也是我們會在聖經中讀到一些奇怪事情的原因，包括一夫多妻、納妾、亂倫等足以媲美電視影劇的情節。但在耶穌的答案裡，我們看見一個清楚的聲明——並不是只要出現在聖經裡，就表示那是對的事。聖經中的某些部分只是敘事，不代表就是約定俗成的規範。

我們要不斷地挖掘、探索與尋找，常常自我提問：「針對這件事，**神的心意是什麼？**」而不是只有那些規條而已。如果你只靠教條度日，那沒有耶穌你也活得下去。但是，如果你沒有親近某人，進一步了解他或與他建立關係，那你就無從明白他的心意。這才是上帝要的——祂要透過我們與祂建立的關係，來激發我們的婚姻與親密關係。

請留意耶穌是如何提升我們對婚姻的觀感的，那與法利賽人的婚姻觀南轅北轍。

法利賽人將婚姻視為一份合約。就是一張紙。

所以他們繼續問：「這樣的話，為什麼摩西說只要給妻子休書，就可以休了她？」

然而，面對這樣的心態，耶穌卻告訴他們，婚姻是攸關**一體**——由兩個獨立個體徹底結合為一。一紙合約與「一體」聽起來就是天差地遠的兩件事。在希伯來文中，「一體」（echad）的原意是指「將我們存在中最深刻的部分融合在一起」。當我們踏入婚姻中，便已緊密融合在一起，無法被拆離，也無法被分隔。

## 契約與立約

我人生中的第一份工作，是在麥當勞包漢堡。坦白說，我不喜歡這份工作，但我在那段期間學到很多東西，譬如，要為老闆準時上班、如何與同事互動，還有掌握僱傭關係的基本結構——我貢獻我的服務與時間，換取金錢的實際回饋。

許多人常常在親密關係上犯了大錯，將這樣的關係當成一種職業來對待。但事實上，工作是契約式的關係，婚姻卻是立約式的關係。這兩者完全不同。

所謂**契約**，是關於「行為」而非「承諾」。你敢把事情搞砸，就等著被炒。謝謝再聯絡，把公司名牌和制服都交回來。

但是，所謂**立約**，是關於「承諾」而非「行為」。意思是，將彼此關係緊緊連在一起的元素，不是雙方的行為，而是兩人所立下的約定。

這世上只有兩種立約式的關係——父母與孩子的關係，以及丈夫與妻子之間的關係。猜猜看，在聖經中，最早被用來形容上帝與我們之間的兩種關係是什麼？答案是：父親對他的孩子，以及，丈夫對他的妻子。

如果上帝是基於契約來愛與追尋我們，祂恐怕早就放棄了。我們打從一開始就不是表現優良的員工，但祂的愛不曾改變。那份愛來自祂的本質（或祂的承諾）而非我們的行為。我們無法靠自己多賺取什麼恩寵，卻不能失去這份承諾。

我們從來就不是祂的奴隸，我們是祂的孩子。

與契約相比，立約可以創造一種完全不同的關係。因為立約是唯一一股能容納你整個人的力量——最真實的你，赤裸裸的你，你千方百計隱瞞、不讓別人看見或發現的你。因為我們心中很清楚，如果那是一份契約式的關係，一旦自我揭露太多，對方可能會揚長而去。

**萬一他們發現了我的過去，怎麼辦？**

**萬一我現在就把一切都搞砸了，怎麼辦？**

但是，在立約式的關係裡，你可以不必偽裝，卸下心防，露出真實而脆弱的你。而當你備感軟弱、需要扶持時，愛便隨之而至，圍繞你周遭。

除非你全然被了解，否則你無法全然被深愛。除非你全然被深愛，否則，你無法全然被了解。

契約式的關係，就是大部分人正在投入的關係遊戲。我們總以為，如果他們看到真正的我，肯定不要我了。

於是我們繼續偽裝，戴上面具，蓋一座虛有其表的外牆。

然後，跳回跑步機上（順帶一提，不曉得你能找到其他比跑步機更貼切的比喻嗎？跑步機真是最糟糕的發明了！我指的是，你在上面汗流浹背，盡最大努力**只為了讓自己持續待在原地**。拜託，辛苦你了，不要這麼累可以嗎？）。

但當夜闌人靜，我們躺在床上時，我們終究騙不過自己。我們內心深處知道某部分的自己是害怕的。還有什麼比「真實的自己被看透」更令人心驚膽跳呢？

**所有的累累創傷。**

**所有的羞愧恥辱。**

**所有的支離破碎。**

**所有的惶恐不安。**

**以及所有的想法。**

於是，我們選擇躲藏。但是從創世之初，上帝的聲音便持續在呼喚我們，把躲在暗處的我們找出來，進入親密的關係中。而一段充滿生命力的婚姻，便是塑造親密關係的最佳典範。那一聲聲呼喚彷彿在說：「我看見真正的你，也以你真實的樣貌來接納你，而且我仍然要你。我哪兒也不去，就在這裡等你。」

然而回頭看看我們，許多在婚姻裡的人卻經常把這份關係視為一種職業。當我們把關係搞砸了，我們被叫進老闆辦公室，可怕的批評撲向我們，我們聽到自己如何糟糕、如何把一切搞砸、如何一錯再錯，甚至一再被提醒自己為何當不了一個好配偶。

遺憾的是，當我反省過往經驗，我發現自己竟把許多那樣的負面元素帶進我的婚姻生活裡。我像個棒球場上的孩子，發了瘋似的想要一爭長短。我曾經是那個將**所有事情**轉變為一場比賽或辯論大會的孩子。我就是**想要贏**。

當我開始認真跟隨耶穌，我發現自己渾身帶刺，為了贏得爭論或佔上風而傷害許多人。在婚姻裡，那是不折不扣的毒藥。如果婚姻裡的其中一方或雙方老是把「爭贏」看得比任何東西都重要，那麼這段婚姻恐怕難以持久。

因為，婚姻不是為了贏得爭議，是為為了贏得那個人。

艾莉莎是我的好友兼妻子，她不是我的競爭對手。

在一份契約裡，你要超越對手、勝過對方，因為簽訂契約的目的，通常是為了保護自己。然而，在一份立約式的關係裡，我們一心想的是要如何奉獻自己。

契約是攸關自我保障，而立約是攸關自我犧牲。

我越是往內心深處探索，就越是在婚姻裡坦露真實面貌，也越是發現自己在許多方面受制於恐懼。那種「我對，你錯」的自我保護機制，往往來自某個深層恐懼。而立約與恐懼是無法共存的。因為以愛為出發點的立約，是維繫關係的力量，你若明白這一點，便知道在這樣的愛裡，不存在任何懼怕。

## 為伴侶創造生命

剛和艾莉莎結婚時，坦白說，我感到很不安。萬一我把整個婚姻都搞砸了，怎麼辦？萬一我犯了超級愚蠢的錯而徹底毀了艾莉莎，怎麼辦？

有時候（甚至直至現在）我內心的惡魔會在我腦中說：「你現在把好丈夫和好爸爸的角色演得還蠻不錯的嘛，可你應該知道你真正的身分吧？」是的，我知道自己那些不堪的過去、那些難以啟齒的惡習，還有那些試探與軟弱。有時候，我幾乎被這些東西搞垮了。我吸進去的不安幾乎和氧氣一樣多。

你知道嗎，這些想法竟成了我搞砸的**原因**。我害怕失敗，但當我越害怕，我越是把事情搞砸，形成了無可救藥的惡性循環——我們稱之為「自我應驗預言」（self-fulfilling prophecy）。當你毫無保留地相信某個想法時，你所相信的終究會成真。我對失敗的恐懼，成了我為何失敗的理由。

撒旦最邪惡的伎倆，是讓你相信關於自己的謊言。如果它詭計得逞，你將徹底被毀。原因很簡單，因為我們的所有行動，都建基於對自己的認識與心中的信念，如果撒旦讓你相信了關於你自己的某些事——你糟透了，你毫無價值可言，看看你那些不堪的過去，你根本不配擁有一段美滿婚姻——那麼，你將開始往下沉淪，活在這些謊言裡。

然而，美好的部分是，真理往往能戰勝其他力量，它們總是所向披靡。

只不過，有時候真理比謊言安靜一些。我們需要留心聆聽，將內心與耳朵調向真理之聲的正確頻道。即便真理的聲音聽起來可能非常微弱，但它們的重量不可小覷。那是真理。那是生命。

我實在不曉得該從哪裡開始表達我對艾莉莎的虧欠。如果說神曾對我的生命彰顯了巨大的厚恩，這深厚的恩典便是艾莉莎。她了解我，她知道我所面對的試探如何將我拖入思想的惡性循環。她知道我在那些低潮的日子裡，經常在羞恥感、過去所犯的罪、不好的自我形象、負面的想法中苦苦掙扎。她會直視我的雙眼，簡潔有力地對我說：「那不是你。那個人早就死了，早在兩千多年前便已在耶路撒冷城外被埋葬了。那個人早已和基督同死，也與基督的新生命連結一起。傑夫，你已經被更新了。你是個徹底新造的人。你走在一條全新的路上。」

我必須承認，我就是在那樣的情境之下，一次又一次被喚醒，被帶回來。那些難以啟齒的羞愧感被洗淨了，那些不安也一點一點煙消雲散了。

我們在婚姻裡所犯的一個最大錯誤，就是允許那些彼此躲藏、逃避的時刻。我們不讓自己的伴侶進來參與，試著隱瞞。那阻隔了婚姻關係的親密感。隱藏與躲避是親密關係的致命殺手。

真正的喜樂、愛與親密感，通常是在我們亟欲隱藏卻選擇彼此坦誠的時刻。正是那些脆弱無助的時刻，讓我們緊密相連，同心編織一份長存的愛。

往往也是在那樣的時刻，我們會發現伴侶竟能為彼此的關係創造生命，或招致死亡。如果他們以愛、恩慈與溫柔來接納我們的軟弱，經年累月下來，將創造更多的合一與親密。但是，如果他們以譴責、怨怒或沮喪來面對你的軟弱，時間一久，將造成關係裡的更大鴻溝，讓對方躲藏其中，只能以偽裝的「美好」一面來示人。

永遠不要忘記，在婚姻裡，你永遠有能力為你的伴侶創造生命或製造死亡，尤其是你所說的話。

某日我走進浴室，一眼瞥見鏡子上洋洋灑灑寫滿了「我最愛你的十樣特質」清單，那是艾莉莎的傑作。內容包括「我愛你把家庭責任視為團隊的努力」、「我愛你的無私奉獻」、「我愛你以無限慈愛將我從低谷裡拉出來」……。

但事實上，那些內容不完全屬實。

當然，艾莉莎並沒有說謊。她其實是「預見」了我未來的景況，並如實表達出來。你知道後續發展如何嗎？事情開始以一種奇特的方式產生轉變。那些內容一一**成為事實**。她提早預見了我的可能性，於是，我踏上了逐步成真的軌道。

那是立約式婚姻所帶來的喜樂、美好與奇妙。正因為我們和伴侶的關係比任何人都要親近，因此我們的話語帶有強大的影響力。而當我們踏上那段恩典之旅，便能持續將各樣活力與祝福注入對方的生命中。

但是，反過來說也是一樣。我們永遠不可低估負面言語的衝擊，那些批評對伴侶將造成難以彌補的傷害，因為我們彼此之間是如此親近。比方說，有個男人超我的車，還罵我是個白癡，我可能會不以為意。但如果是艾莉莎那樣罵我呢？天啊，我會徹底崩潰。話的內容一模一樣，但說的人不一樣，後果則大大不同。重點不在說了什麼，而是那番話出自誰的口。

我們的話語是有重量的，尤其在婚姻裡，更顯意義深遠。讓我們成為提升他人的人，將美好的生命力注入伴侶的內心，但願我們所說的話盡是鼓舞、善良與溫柔的言語——尤其是對著與我們攜手走進婚約的那個人。

當我們浸淫於那樣的話語和行動中時，原來的「契約觀感」將會逐漸消失，我們會知道自己正一步步踏進**應許與承諾**之約裡——那正是喜樂萌發之處。在應許與承諾裡，我們不再懼怕不安，因為恐懼的反面就是愛。

**重點分享**

立約式的婚姻，充分反映上帝與我們的關係。因為祂已經允諾要永遠與我們同在，我們可以毫無所懼地對祂示弱，向祂展示我們最真實的一面。在婚姻裡，我們也需要同樣的撫慰與安全感——彼此坦誠，自由地分享內心一切感受，而不怕被拒絕。唯有當我們能真正示弱並感覺自己的軟弱時，真愛才會隨之而來。

第13章

# 我的一切

約翰·傳奇（John Legend）

**✧ 艾莉莎的角度 ✧**

婚姻實在無比美好，無比艱難，無比有趣。

結婚後的那年夏天，我們的影片工作與寫書計劃，把我們牽引至世界各地，其中包括德國、烏干達與倫敦。抵達德國的一座古堡後，傑夫透過口譯員對台下數千名年輕領袖演講。然後，我們花兩週待在烏干達的一家孤兒院，和院童們一起享用樹上現摘的新鮮芒果，探視住在當地小屋裡的垂死艾滋病患者，也和孤兒院的孩子以及員工們一起歡唱敬拜詩歌。

前往倫敦之前，我們先到義大利。想到即將親臨義大利麵、葡萄園與浪漫想像的國度，我掩不住內心的雀躍。飯店都訂好了，火車行程也規劃妥當，但是，進入義大利的前幾天，狀況急轉直下。

傑夫的身體出現異常症狀，看起來不太好，每隔三十分鐘就要衝進廁所。坦白說，我有些焦躁。我花了好幾個月規劃這趟旅程，同行的人卻因為這些變化而跟不上我們的計劃，太掃興了吧？緊接著，八小時之後，類似的可怕症狀也把我擊垮了。

當我們在蒙特普齊亞諾（Montepulciano）時，我渾身發抖地爬上床，忍不住哭出來，甚至大叫。我已經很久不曾感覺這麼虛弱了。我上網搜尋，想知道我們該怎麼做（這永遠不是個好點子！），結果讓我嚇了一跳——我們得了瘧疾！我想我們快要死了，恐怕再也回不去美國了。

「傑夫，我們必須回家。我們病得很嚴重，我非常確定我們得了瘧疾。你可以去查一下飛機的航班嗎？是不是可以取消倫敦的行程，告訴對方我們實在沒辦法去？我們真的必須要趕回去。」

慶幸我的丈夫是個明智的男人，他說服我加重藥的劑量，努力休息睡覺，他說：「你明天早上醒來就會感覺好一點了。」但我隔天早上並沒有感覺好多少，再隔一天也不見起色。但慢慢地，確實有好轉一些了（原來我們只是流感），只不過在接下來的旅程中，只能吃些口味清淡的義大利麵。

我們最後一個停留的景點是阿瑪菲海岸（Amalfi Coast），那是我此生見過最迷人美麗的地方。我們跳上前往飯店的巴士，途中我都緊緊貼在車窗上，窗外的景致美得太不可思議了。

午後，巴士抵達飯店，我忽然聽到歡樂的音樂聲從後院傳來，接著看見數百人圍著一張張桌子開心地吃喝。原來是義式婚禮啊！飯店服務員把我們帶到房間，那是一間小型公寓，就蓋在懸崖上，我們有個屬於自己的陽台，放眼望去，是環繞的海洋。

夜幕低垂時，我們聽到遠處傳來砰砰聲，趕緊跑到陽台上。哇！絢爛奪目的煙火在我們眼前閃爍，綴滿了整片夜空。這顯然是為了剛結婚的那對新人而放的，但四周看不到其他任何人，只有我們倆，以及海洋、明月與美麗的煙火。我們緊擁著彼此，目不轉睛地欣賞。

我多麼希望我們第一年的婚姻生活可以像那晚的煙火般美麗浪漫。當然，我們有許多美好的回憶，只是也有艱難的挑戰要跨越。我必須坦承，第一年的婚姻生活就像坐雲霄飛車，驚險又刺激。我們的行蹤遍及各地，傑夫在各個教會與研討會中演講，我們也同時帶領聖經研究團體，協助帶領大學的學生事工。我們搬了兩次家，各自寫了一本書。還有一件大事，我懷孕了（好大的驚喜！）。

這段期間，我們學習如何「成為夫妻」：

如何在衝突中溝通？

我們各自扮演什麼樣的角色？

如何在頻繁外出、在家工作、帶領宣教工作之間獲得平衡？

如何相信對方身上的美好特質，又不會過度期待以免患得患失？

然後，關於性生活，還有彼此的父母。

婚後第一年，通常是不太好過的一年，因為那是接下來漫長婚姻生活的根基，有太多需要磨合和彼此適應的課題。當然，那也是人生中最甜蜜幸福的時光，因為你剛和生命中的最愛結婚。我現在才知道，為何舊約聖經會特別記載一個以色列人的習俗：凡新婚第一年都可申請一年長假，好好與妻子快活度日。[1]

## 不需要完美

我覺得我需要好好認識自己，也認清上帝要我去完成的使命。長久以來，我夢想要成為一名妻子，我讀過無數書籍，聽了大量的講道，也從其他前輩身上尋找可學習的榜樣。我理性上曉得如何成為一名稱職的妻子，但真槍實彈上陣卻完全是另一回事。我知道必須順服丈夫，但那是什麼樣的狀況？我知道必須歡喜地服事他，但當我精疲力倦時，我就是不想那麼做。我知道要為丈夫祈禱、在溝通時要謹慎使用正面的語言，但在擦槍走火時，我只想賞他一巴掌，然後摔門而出。

第一年的婚後生活，我學了好多功課。一開始，我渾然不覺自己心中對完美妻子的期待，早已在無形中帶給我極大的壓力。我在結婚幾個月前把工作辭了，於是我心想，既然不再工作，就必須把家裡的大小事務做到盡善盡美。我每週一去一趟超市，採買時要找到最優惠的價格，還要把每一餐都料理得省錢又美味。對了，餐食一律全素（那是

1 申命記24章5節。

我很不習慣的烹煮方式，也是全新的考驗），只因為我們度蜜月時看了一部紀錄片，傑夫便毅然決定要成為素食主義者。

還有，一切衣物都要及時洗乾淨，摺得整整齊齊再放回原位。就更別提邀請朋友到家裡吃晚餐或借宿了，我會因為完美主義被破壞而崩潰，也經常為了如何面面俱到、滿足客人需求而讓自己萬分焦慮。我告訴自己，這就是我的工作。為了傑夫，也為了每一個人，我需要努力追求完美，我要證明自己是個敬虔的好妻子。

我記得有一天，我再度讓自己陷於那種巨大的壓力中。我當時正在打掃家裡，我把自己的生活作息安排得異常緊湊，我還要擦地板、打掃另一間廁所、洗衣服，再趕在傑夫返家前把晚餐準備好。當我跪在廁所刷洗時，淚水忽然奪眶而出。「我沒辦法再做了，主啊！太多了。我真的不曉得自己在做什麼，我覺得好沉重啊！」

然而，神將我牽引到祂面前，對我破碎的內心低語道：「艾莉莎，你不需要處處要求完美。你不需要想辦法去賺取我的愛、傑夫的愛，或任何人的肯定。你屬於我，你是我的。我就是愛你原來的樣子，傑夫也是。所以，請你活在自由裡，活在我的恩典節奏裡。」

我終於明白，成為妻子的其中一層意義，是為你的丈夫創造一個安全無慮的避風港。但你需要不斷提問，再慢慢去覺察到底是哪些細節才能使你們的家成為你丈夫的避風港。一個井然有序的家，對傑夫而言無比重要。他喜歡每一件東西都擺放整齊，也喜歡邀請人到家裡做客，但又需要完整的獨處時間，或單單只與家人在一起。

我一點一點地了解我丈夫的需要，也明白了我的極限。我們有個定期來打掃的清潔人員，好讓我們至少可以每週外出用餐一次，因為有時候我實在沒辦法把熱騰騰的食物端上桌。我們會聊聊未來一週的計劃、有沒有想邀請到家裡的朋友，也有些時候我們只想待在家裡，好讓我們可以好好休息、充電。

我還在學習如何讓我們的家成為安全的避風港，我也從中發現，原來這個避風港會因為家庭的成長而隨之轉變。

我也學習接受我身為全職家管的妻子身分。我不需為此而讓自己疲於奔命，神給了我機會待在家裡，那意味著如果我想要整天閱讀某本書，我就可以那麼做，我也可以選擇休息。在我成年之後，我從未享受過這樣的自由。我總是處於工作狀態或投入各種宣教事工中，被做不完的工作追著跑。

終於，我可以放鬆一下了。只要沒有特別的事要做，我就可以安心休息。而事實上，傑夫也希望我好好休息。他要我放心選擇自己想做的事，讓我享有充分的自由。有沒有想過，有時候神要我們做的敬虔之事之一，就是好好休息？譬如睡個午覺，或閱讀一本好書。

我也從中學習另一個功課——婚姻是攸關如何彼此倚靠。你們兩人是個團隊，而你自己畢竟只是一個人。和傑夫交往時，我可以很容易在他面前隱藏自己的感受。我並非刻意欺瞞，只是我習慣自己處理，除非必要，我才會向他坦言狀況。其實，有許多個夜晚，我曾因為某些批評或閒話而讓我難過得含淚睡去。有時候我會告訴傑夫，但也有些時候我覺得自己只需要和神好好對話。

不論哪種出路，傑夫從未看過我哭泣，也從未見我為任何事悲傷。譬如在他求婚前一晚，我流著淚睡覺，心想傑夫或許永遠也不會跟我求婚了。隔天早上當他來接我外出時，我把臉上的妝化得比平常更濃，好掩蓋我浮腫的雙眼，他老兄竟打趣道：「哇！你看起來好漂亮，而且跟平常不太一樣。你今天是不是刻意加重了眼影啊？」

可一旦你結婚了，你便無從躲藏。當然，你仍然可以找機會溜出去，選擇獨自流淚（但我幾乎沒有這樣的機會，因為這種時候傑夫大多都在家，而且他喜歡發揮自己的超級直覺力），即便如此，你也不會再有機會獨自垂淚到天明，因為你的丈夫就在你身邊，他想和你好好說話，聆聽你的心，和你一起面對。

有時候我恨透了那種毫無保留的時刻，但我想，那就是上帝對我們這段婚姻的心意。我們已經成為一體了。我們被召喚要承擔彼此的重負，走進彼此的內心，分享、聆聽與鼓舞。還有彼此代求、禱告，尋求對方的原諒，也隨時尋求對方的協助。沒有人比你的伴侶更了解你，所以，請你們彼此擔待、互相顧念。

## 擁抱混亂

跟傑夫結婚的第一年，我知道我嫁對人了。我們當然難免會起衝突，但我非常清楚傑夫是個忠誠的人。我可以放心倚靠他，他永遠不會離開我。在每一個衝突中，他努力使我們的關係得以修復與和好，使我們得到療癒，也使我們的生命更完整。

一直到婚後多年的今天，每當我們吵架，他還是一如既往先來到我面前，尋求我的原諒（看來我太盛氣凌人了！）。

在婚後的前幾個月，我們歷經一次嚴重的爭執，我現在甚至記不起來是什麼原因使我們大動肝火。我用力摔門，然後到浴室去打掃，那通常是我處理衝突的反應（現在我的回應方式是去吃巧克力）。我一邊清理廁所一邊大哭。雖然在禱告，但那更像是與神之間的激烈爭論。

「我到底是為了什麼？我為什麼會跟他結婚？他以為他是誰啊？上帝，我到底做了什麼！」

過一會兒，傑夫來敲門，他讓我坐好，給我一個扎實的擁抱，坦承自己剛剛不該說那樣的話，更不該用那樣的語氣，他很抱歉。就在那剎那，我領悟了自己為何嫁給他，因為他的謙遜是最令我著迷的一個重要特質。有時明明是我有錯在先，他總是搶先認罪與道歉。

我常想，少了寬恕與恩典的婚姻，會是健康的婚姻嗎？我不確定。但事實擺在眼前，我們都是罪人，而我們的關係總是會被我們自己搞砸，動輒彼此傷害。如果我們能以謙卑、恩慈彼此相待，便能體會滿足的喜樂與盼望。

婚後的第一個聖誕節，傑夫和我都非常興奮，我們開心佈置家裡，一起計劃要辦幾場聖誕派對，我也親自挑選我想要的聖誕禮物——一隻綁著紅色蝴蝶結的米色拉布拉多小狗。我其實是跟傑夫鬧著玩的。雖然我自從看了《34街的奇蹟》（*Miracle on 34th Street*）這部電影後，便夢想著要一隻這樣的小狗，但我知道，一隻小狗對我們當時的生活而言，太不切實際——我們常常外出，我們的房東也規定「不准飼養寵物」。但每晚睡前躺在床上時，我仍會秀出一張張小狗的可愛照片給傑夫看。

有一晚，我在廚房忙著煮晚餐，我收到傑夫傳來的訊息，問我是否方便到閣樓幫他找個東西。正當我在樓上翻箱倒櫃時，我聽到他回家的聲音。我找到東西了，然後奔下樓。就在我們的聖誕樹下，天啊，我看到了一隻綁著紅色蝴蝶結的米色拉布拉多小狗。傑夫就站在小狗旁邊，臉上掛著最燦爛的笑容。

鏡頭快速轉到幾週以後，我們在給小狗亞斯蘭進行大小便訓練。亞斯蘭對外出溜達這件事適應得相當好，但某個午後牠出奇安靜，我從筆電後方偷偷瞄牠一眼，看牠在做什麼好事，一回頭，我看見地毯上有一坨大便。我不曉得該如何是好，只知道我需要即刻將那坨東西清除掉。我衝進廚房，抓了滿滿一堆餐巾紙，努力將那堆異物清理掉。

現在，我手上有一坨狗大便。我二話不說衝向廁所，傑夫正好在使用廁所。

「傑夫，閃開！亞斯蘭大便了，那坨大便現在就在我手上！我必須丟進馬桶沖走！」

「寶貝，我現在什麼也不能做。我不能動。我現在是真的在大便。」

「你必須離開馬桶！我一定要消滅這東西！」

一陣沉寂。雙方瞪眼互視。

「親愛的，閃開！」

他勉為其難移動一邊屁股。我將亞斯蘭的大便順利丟進馬桶，沖水。

任務完成。

傑夫繼續他未竟的大工程。

看吧，這就是婚姻，可以瘋狂美好、瘋狂艱難，但也瘋狂地樂趣無窮。長久以來，我腦海裡一直存在一幅婚姻的想像畫面：我嫁給我的好朋友（他必須是個帥哥，而傑夫完全符合這個想像），我們生四個小孩，還養了一隻狗。我們一家子常常一起打鬧、玩樂，不管去哪裡都心連心、手牽手。我的丈夫白天出門工作，傍晚回家吃我煮的晚餐，穿著圍裙的我會迎上辛苦工作的丈夫，給他一個熱烈的擁抱與親吻。我們永不吵架，因為我們總能完美地進行溝通。

你知道嗎？我的婚姻與我期待的想像其實相去不遠。我和最好的朋友結婚，我們經常笑開懷。我們心心相印，雖然不是每一次都如此。我們生了兩個可愛的孩子，還有一隻瘋狂的狗。只不過晚餐的狀況稍微有些出入。一般而言，是我在廚房裡與一堆碗碟食物為伍，我們那剛學步的小孩負責把食物沾滿衣服，也塗滿她弟弟的衣服，再把食物撒滿地上，我們的小男孩則在客廳到處亂爬，然後卡在長沙發下動彈不得。

一如你所能想像的，我們之間有太多對話，也有哭鬧與間歇性的大發脾氣——通常是因為小孩。而傑夫和我當然也會吵架，我們並非總是選擇耶穌或彼此，有時候我們也會自私、沒耐心，對彼此粗暴無禮。我們也有疲憊不堪的時候，甚至彼此誤解。我們並非總是幸福美滿，我喜歡這麼比喻——並非常常站在同一陣線，有時甚至不是同一隊的。

所以，婚姻並沒有完全照著我的期待，但比我想的好很多：更真實，更生活化，更多寬恕、恩典、醫治與喜樂。我們是人，難免會把事情搞得一團糟。但是，靠著神的恩典，我們逐漸成長，也慢慢累積對彼此的認識。我們學會如何彼此服務、如何充分溝通、如何重視對方的需要，將對方看得比自己更重要。

我們也學習去擁抱混亂，層出不窮的狀況使我們看耶穌看得更清楚、更透徹。是的，我們太需要他了，他是如此剛強、智慧、慈愛與良善。簡直就是恩上加恩。婚姻使我們一步步走近彼此，也使我們更親近耶穌，那就是婚姻使我深深著迷的理由。

**重點分享**

第一年的婚姻生活就像坐雲霄飛車，起伏又刺激。親密關係總有混亂的時候，而且，動輒彼此傷害而不自知。然而，只要我們謙卑下來，以恩慈彼此相待，滿溢的喜樂與盼望便會隨之而來。婚姻使我們一步步靠近彼此，也使我們更親近耶穌。

第14章

# 一起享受床笫之歡吧！

馬文·蓋伊（Marvin Gaye）

**✧ 艾莉莎的角度 ✧**

婚姻裡的性，是幫助我們記得對彼此立約的一種方式。

這世代，無處不「性」。

走出超市時，我在雜誌封面上就可以看到一大堆，好像那是隨時會出現於電視上的議題，人們每天都花百分之九十的時間想著這檔事似的。我知道每個人對性的觀感與經驗都不一樣，不論你的情況是落在光譜的哪裡——多重性伴侶、與男友或女友同居、看色情刊物和影片、進展到三壘階段，或是落在光譜的另一端——處男或處女、從未親吻過任何人、戴著守貞戒指……我們都需要某種程度的療癒。

在這條路上，我們的思想經常不自覺被扭曲。我們其實並不明白上帝對性的全觀，又或許我們知道，卻未曾滲透到內心，無法使我們在這方面開花結果。

我的成長期離不開教會，在「手戴守貞戒指」與「為婚姻保守自己身體」的氛圍下，我以為自己的性觀念是百分之百「政治正確」的。我也覺得我已經做到了——直到二十二歲以前，我從未牽過任何男生的手，一牽就是我丈夫的手了！但是當我和傑夫結婚後，我才明白，原來這世界的性觀念早已影響了我的思維，也衝擊到我的婚姻。性，真的是個挑戰。我有些偏差觀念需要去除，也需要神向我揭示祂對性的想法，使我茅塞頓開。

十三歲那年，我讀了潔西·維拉克絲（Jaci Velasquez）的一本書，書中分享了她信主的過程。她提及自己如何堅定拒絕婚前性行為，在無名指戴上守貞戒指以提醒自己這項承諾。這做法深得我心。

當時的我正值青春期，滿心期待著和心儀的男生享受美好的性愛。但當我讀了潔西寫的那本書之後，我知道上帝早已為我存留了更棒的東西。如果我能將自己的身體保留給未來的丈夫，我不只是順服主，那也是最棒的一件事，而我想要最棒的。我想要順服上帝，也想要按著祂的心意來面對這件事。

當我十五歲生日時，爸媽送我一枚守貞戒指，是黃金加鑽石，再鑲上兩顆心型的藍寶石。這訴說了他們對我的期待，希望我耐心等待，將自己獻給未來的丈夫。他們總是想把最好的東西給我，也一路鼓勵我，能有這樣的父母，我感謝不已。

於是我繼續等待。對我來說，這樣的等待並不困難，因為我從未有與異性約會的機會。我想，或許是因為我和上帝、和父母、和自己許下了守貞的承諾，無形中幫助我對想要交往的男生設定了更高的標準。我因而學到不隨意妥協，因為我的所作所為都是為了**某個人**。

然而，這個承諾不只關乎我的身體，也是我對上帝守約的一種方式，提醒我要努力在身體與**思想**上保持純淨。上帝希望我們在生活上保持純淨，不要任由眼睛貪圖情慾的圖象、不要讓思想耽溺於各種幻想，那是非常容易上癮的狀況。我追求聖潔，因為上帝希望我們這麼做，但我知道那不是靠我個人可以達成的目標，只有透過祂在我裡面的聖靈，我才能知道在試探面前要如何思考，以及思考什麼樣的內容——當我受到誘惑、想以我的雙眼脫去一個男人的衣服時，或者當我開始幻想性愛是怎麼一回事時，我就可以放棄那些想法，選擇尊重身邊的男生們，把他們當兄弟般相處，也視他們為披戴基督形象的代表。

## 婚姻裡的性

當我開始和傑夫約會、中途分手、和查德交往時，我對性的態度是又期待又害怕。我已經為了我的丈夫歷經漫長等待，最終我想要的就是與心愛的男人享受性愛。對於進入穩定交往關係的戀人而言，這個考驗格外困難，假如你知道那男人就是神為你預備的理想對象，那更是難上加難。我和傑夫在一起時，我經常雙膝顫抖、手心冒汗，想要堅守防線，真是談何容易！

在約會時，這種誘惑只會不斷增強。當然，我們也難免有一些比較動情的時刻，那時我會邀請聖靈在約會時與我們同在（我知道聖靈一直都在，但當我為此禱告時，我會再度被提醒，也從中獲得堅持下去的力量）。我會問自己，我到底想要取悅誰——上帝？傑夫或我？

不瞞你說，很多時候我選擇傑夫和我自己，於是開始出現過火的肢體互動。但上帝持續帶領我們、原諒我們，將祂的道路一遍遍指示給我們，指引我們該如何以祂為先，而我們倆都想要好好遵行祂的道路。最後我只能說，一切都是靠著上帝恩典，我們才得以完成守貞的承諾，直到我們攜手走到婚約的祭壇上。

我終於可以和深愛的男人做愛、將一生都獻給他，如果要把這份興奮之情化為言語，那就是：**啊！終於！**一次又一次的耐心等待，終於等到我的丈夫了。我迫不及待整理了一整箱性感內衣。我準備好了。

讓我告訴你，那感覺很棒，不過也有尷尬和狼狽的時候就是了。然後，我在蜜月期間病得奄奄一息（別誤會，我沒有懷孕，罪魁禍首是那瓶鱷梨醬），傑夫不得不送我去給醫生看。我知道在婚禮前一週，我的免疫系統就每況愈下，只是我並不曉得原來我得了急性膀胱炎。所以可想而知，所有浪漫的想像都沒辦法照劇本演出，但那依舊難忘，因為那是屬於我們的故事。

坦白說，那一點也不完美，但我們覺得還好，因為我們已進入婚姻，有足夠時間學習在一起的功課，慢慢找出各自的喜好與地雷，學會用對的方式來彼此服事，讓對方優先於自己。我記得當我在蜜月期間特別虛弱無力時，傑夫抱著我、安撫我、叫我不必擔心。雖然我們只能閒逛，他也毫無抱怨，而且心滿意足。

那是我第一次如此徹底而完全地依賴傑夫，我發現能嫁給他是多麼大的祝福。他正是我所需要的丈夫。和他相處沒有壓力，不需要費力表現自己。他愛的正是原來的我，而且把我照顧得無微不至。

婚姻裡的性，是幫助我們記得對彼此立約的一種方式。那是「再次的承諾」。

**對方優先。**

**彼此服事。**

**成為一體。**

性愛讓伴侶合而為一，也是測試我們當下關係狀況的一種方式。我發現，我如果對傑夫心懷不滿，或在哪裡覺得沮喪或委屈，當晚他若想和我做愛，我幾乎立即反應道：「不，謝謝。我很累。」如果是這樣，我會稍微停頓一下，檢視自己的內心。是的，我確實很累（成天照顧兩個孩子怎麼可能不累呢），但我同時知道那不是真正的理由。背後的原因是我當天在某些方面受到傷害，因此不想有任何身體上的親密行為。

或許我對自己一整天的內心狀況毫無察覺，直到傑夫問起我才猛然驚覺。那是個好時機，使我有機會走向傑夫，與他好好溝通，有必要的話就藉機尋求對方的原諒，與他分享我當天因為什麼原因而感覺受傷，或我們之間如何錯過溝通而造成誤解。也可以讓他了解，在肉體接觸之前我們要先讓兩顆心緊密相連。

不過，也有一些時候，身體的結合是當下兩人最需要的事，之後才能藉此進入內心的結合——這說起來有些複雜呢！事實上，人類本就是複雜的受造物。而神把性愛賜給我們，使我們藉此與彼此再連結，幫助我們學會如何彼此服事，也在身心靈上連結得更深。當這一切進入美好的循環後，你將發現那是何等驚人！當你們一起成長時，性愛也會漸入佳境。

## 性愛不是職責或義務

我在婚前讀過一本從醫生角度來寫有關性愛的書，書名是《濃情蜜意》（*Intended for Pleasure*）[1]。這本書幫助我「全面性」地明白性愛是怎麼一回事。當我進入婚姻時，我以為只要遵循所有步驟，每次的閨房情趣就會有增無減。但事實不然。有時候它像五星級的牛排大餐，有些時候卻像麥當勞的得來速。有時候兩人能感受到默契與深刻的連

1 Ed Wheat, MD and Gaye Wheat, *Intended for Pleasure* (Ada, MI: Revell, 2010).

結，但也有以傷害與誤解告終的時候。

其實，性愛更像一支舞。有時候你們會不小心踩到彼此的腳而絆倒對方，也有些時候你把每個節奏掌握得恰到好處，創造滿分的佳績。那是付出與接受的過程。

對我而言，我發現自己腦海裡想的東西，是構成性愛最重要的一部分。如果我想著傑夫，想著自己多麼感謝能擁有他、我要如何以他為傲，那性愛便如甜美的果實，令人想要一嘗再嘗，我甚至感覺上帝就在現場，因為參與在我們的親密連結而喜悅。但如果我被別的事情分心——孩子、明天的代辦事項、今天要完成的事——或任何扭曲的想法浮現心頭，就仿若從高點滑落，瞬間冷淡。

性愛，是一段要我專注於傑夫身上的美好時刻。將他置於最重要的位置，只和他在一起，享受閨房之樂。

有時候性愛也是充滿掙扎的，尤其是婚後第一年。最初進入婚姻時，我對性愛滿懷興奮，對我的第一次更是高度期盼。我以為從此以後的每一次都將「高潮」迭起，完美無瑕。我以為我們會天天做愛，甚至一天好幾回，就像電影演的那樣。但原來不是。

好幾次我向傑夫求歡，特地製造浪漫的氣氛，想了一整天，但傑夫卻「性」致缺缺。他太累了。有時候當我提出要求時，他會坦然告訴我，那一晚他真的不行（當然，那並非常態，但我也得坦承，婉拒比答應的情況還要多一些）。我感覺被拒絕，好像自己不被需要。我不敢再提問，因為我不想再被拒絕。當晚餐時間越來越近，我會告訴自己，或許今晚仍然無法如願。

我不想抱持任何期待，更不想再被拒絕而受傷。我小心翼翼地保護我那不堪一擊的內心。我感覺非常孤單和失落。有時候我們會因此而吵架。為什麼在這段應該是人生中最美好的時刻，我卻感覺這麼孤單、受傷呢？

我與導師談話，也大量閱讀和禱告，把我脆弱的心交給上帝。我嘗試針對這些感受多次和傑夫深談，但彼此都有些力不從心，問題似乎卡住了。

最後，一年即將結束。我們搬到一棟靠近湖邊的寧靜房子。出乎預料之外，美好的景致竟成了最好的催化劑，我們的性生活變得融洽而甜蜜。我們深愛彼此，心甘情願互相效勞。我不再有任何被拒絕或受傷的感覺，只有愛與恩典。我和傑夫好像悟出了什麼道理，一切撥雲見日。

婚後第一年，我們的生活步調非常緊湊。我們經常在外奔波。傑夫來回各地發表無數的演講，他還完成了第一本書的撰寫，同時協助大學的宣教事工。他當時還要負責為我們大學宣教部的學生進行門徒訓練，然後，我們開始養狗，還接受了一個交換學生住我們家。傑夫要全力支持他的妻子，還承擔了家裡的經濟開銷。

他是個稱職的丈夫，當他決定卸下在大學宣教部的工作時，他頓時感覺如釋重負，因為他一口氣攬下太多工作，遠超乎他所能負荷。他想把每件事都掌握好，蠟燭多頭燒的結果，令他心力交瘁，也無法將最好的自己獻上。但現在，他有更多自由運用的時間，比過去更能心平氣和地面對生活，也能將最好的自己獻上，包括性愛。他常想把握機會和我在一起，這片絕美的湖光山色似乎只屬於我們倆，我們可以盡情地談情說愛，建立更深的關係。我們再度成為無話不談的好朋友，重新有意識而刻意地彼此連結。

當生活步調逐漸放慢時，傑夫更能沉澱下來，也更趨近自己的內心。他意識到，雖然自己已被醫治，從支離破碎的過去中重獲自由，也在進入婚姻前重新建構好有關性愛的神學觀，但他過去的經驗依舊如影隨形，在不知不覺間造成深刻的影響，尤其對第一年的婚姻生活，實在衝擊不小。結婚後，傑夫似乎來到另一個完全不同的醫治階段，步上全新的療癒旅程。他必須放下羞恥與罪疚感，重新渴望性愛，並且以接納與欣賞的心態來看待性慾，那是無比美好的祝福，因為我們現在的性愛，是走在合乎上帝心意的道路上。

當我們有了女兒、之後又懷上老二時，我們面臨另一個困難的階段。但這一次，我們的角色與之前互換了。這下輪到傑夫感覺受傷與孤單，而我則成了那個總是精疲力竭的人。事實上，生下大女兒之後，我的身體恢復得格外緩慢，對我而言，做愛是一件感覺疼痛的苦差事，而且我也深怕再度懷孕。如果要我再次半夜頻頻起床照顧新生兒，我擔心自己的體力恐怕無法支撐。

然後，當我再度懷孕時，我簡直想要徹底擺爛，就是不想再做愛。傑夫深感被拒絕與受傷，確實如此。於是，我們需要再度一起面對我的恐懼，重新學習跳一支全新的舞。我回到上帝面前，懇求祂使我明白自己內心最深層的感受，同時幫助我去調整與改變——即便沒有想做的感覺，我仍願意藉由性愛來服事傑夫。

透過這本書《為你的丈夫禱告，從頭到腳》（*Praying for Your Husband from Head to Toe*）[2]，我開始更明確地為傑夫禱告，每一天的指引都有關於婚姻與性愛的部分。當我透過經文與禱文進行禱告時，我發現我對性愛的心態經歷了一百八十度的轉變。我一直把性愛當成不得不做的一種服事（當愛情與婚姻逐漸歸於平淡，疲憊取而代之，加上為孩子犧牲奉獻慣了，媽媽們或許也開始把性愛當成一種職責），但當我開始跟著那本書的教導來禱告，我逐漸明白，原來那不是義務，而是我先蒙受了祝福，然後得以將這份禮物送給傑夫。那是一種向他表達「我愛他」的方式，也是一個重新連結的途徑。能與自己的丈夫肌膚相親是多麼美好的事，我想要沉醉其中。

能擁有一位與我親密互動的丈夫，他對我真誠相待、坦承自己的弱點，我為此感恩

2 Sharon Jaynes, *Praying for Your Husband from Head to Toe* (Sisters, OR: Multnomah, 2013).

不已。沒有人比我的丈夫更了解我。我們之間沒有羞恥尷尬，沒有懼怕忐忑。我們是一體的，也在持續學習在身體與心靈上越來越緊密相連。神一點一點地介入我們的內心，使我們從過去不堪、扭曲的觀念中被釋放、被療癒。

性愛迫使我們去進行困難的溝通，我們必須要真情實意、毫無保留，而且要恩慈相待、彼此原諒。沒有一種互動能像性愛那樣，將內在的自私表露無遺。因為，性愛不是問你能從中獲得什麼（那是我過去的偏差觀念）而是你能藉此付出什麼。

你可以如何服事你的伴侶？

你的伴侶喜歡什麼樣的方式？

你可以如何向伴侶表達你的愛意？

有時候你沒有心情或覺得不方便，但你仍與伴侶做愛，因為那是對另一個人的付出。

## 十五秒的親密接觸

說來奇妙，我也不曉得那是為什麼。當你結婚前，你恨不能隨時跳到對方身上，完全佔有你的男友或女友，但是，怎麼結婚後一切就變了？如此不明所以的劇變，令人不得不懷疑這是不是撒旦從中作梗，在婚前百般誘惑你們，卻在婚後想盡辦法阻止你們。然後，當你們有了孩子以後，那是另一個不得不重新調適的婚姻故事，也是下一個人生階段。

我喜歡性愛，但面對瑣碎的生活雜務，我經常忽略它，甚至徹底忘記。孩子已佔據我太多時間，還有每天要忙的「待辦事項清單」，我幾乎沒有任何思索性愛的空間，更別說要提早為此規劃了，我實在力不從心。然而，我現在學習提早安排，騰出空間去想像，為此興奮期待。有時候，一頓簡單料理的晚餐，或是省略一次洗衣服，就能讓我在一日結束時還有足夠的精神與體力。有時候，我可以出門去買一件性感衣物，擺放在傑夫看得到的地方。

我也學習在白天時，嘗試去**聽懂**丈夫的暗示。有時候，隨著孩子一早起床，我便被迫進入停不下來的忙碌狀態，奔忙於早已安排好的時間表——小睡時刻、吃飯時間、還有那些必須趕在孩子情緒大暴走之前完成的事情。有時傑夫會在廚房開個小玩笑，或用孩子不明白的方式給一些性暗示，但我只能選擇忽略，因為我有做不完的事啊！

有一天，我們顯然有些不對盤，老是針鋒相對，於是傑夫把我攔下來，要我和他輕吻十五秒（一位負責婚姻事工的朋友建議，每天給你的伴侶一段十五秒的親吻，可以使你們在忙碌生活中停下腳步，單單享受與對方親密獨處的時刻）。你知道我怎麼反應嗎？我硬是把他推開，告訴他我連十五秒的時間都沒有。太悲慘了！他要的不過是十五秒，但因為這件事沒有預先排在我的時間表裡，我就直接跳過。

可悲的是，如果是我的孩子要求我給他十五秒的時間，我會毫不猶豫地滿足他的需要。回到剛剛的情況。我把傑夫推開，兩人對看了片刻，突然大笑，赫然發現自己剛剛的舉止是多麼可笑。然後，我們放下手上的工作，擁吻了十五秒，感覺真是棒極了。我感覺自己的身體瞬間放鬆了，也留意到我的丈夫，好好與他相處。還有，我們的兩個孩子愛死這個了！大女兒最愛看到我和傑夫相親相愛，她會明確感受到爸媽深愛彼此、互相委身奉獻，這為她帶來足夠的安全感。

我們不得不承認，我們的棲身之地是個墮落的世界，因此，性愛是棘手而破碎的，婚前所發生的一切情感包袱，終將被帶入婚姻裡。然而，最令我們感謝的是，我們的神是一位醫治並賦予我們自由與完整新生命的神，祂是平安的神，這正是祂要我們去享有的平安，也是祂宣告我們將獲得的祝福。

在蕾貝卡．李昂（Rebekah Lyons）所寫的書《安靜而知道》（*Be, Still, and Know*）中，她提醒我們，我們早已被釋放、也獲得自由了（加拉太／迦拉達書5:1），所以我們得以自由地生活（彼得／伯多祿前書2:16-17），同時也有聖靈保守我們，使我們得自由（哥林多後書3:17）。

因此，不管你的感情故事如何、不管你過去的性愛記錄如何、也不管你目前的身分為何，永遠記得，神是自由的神，祂永遠等著要你活在祂所賜的自由裡，因為祂已經以十字架的最高代價，為我們償付了該付的一切。而今，你屬於祂；因此，你的自我認同與價值都在於祂，也全然安頓在祂裡面，同時活出使祂喜悅的自由生命。

**重點分享**

性愛是上帝賜予的禮物，藉此幫助我們重新連結，學習彼此效勞，並在身、心、靈上緊密結合。我們婚前的情感經驗會被帶入我們的婚姻裡，然而，我們的上帝是一位醫治並賦予我們自由與完整新生命的上帝。因此，我們的身分認同與價值都在祂裡面。一切是由祂來定奪，而非我們的過去。

第15章

# 讓我們聊聊「性」這件事

胡椒鹽姐妹（Salt-N-Pepa）

**✧ 傑夫的角度 ✧**

聖經讓我們看見，沒有性，我們仍舊可以活得好好的；但如果沒有親密感，我們將會難以存活。

我人生中有一段精彩歲月，發生在我大四擔任宿舍舍監那年。那是一間小型的私立大學，屬於文理學院，就在俄勒岡州的波特蘭（Portland）外圍，大學風氣崇尚自由，帶著點嬉皮味道。學生們穿著法蘭絨衣服，使用百岳牌水瓶，喜歡聊大企業背後的一些邪惡八卦。

我超喜歡這種氛圍。

我一直以來都樂於成為團體中的少數份子。我身邊的非基督徒朋友比基督徒朋友還要多，而我特別喜歡聆聽別人的觀點。對我而言，能知道每個人的主張是一件令人享受的事，這一點與我那個年代的基督教學校可說是天差地遠，基督教學校的水，顯然比較不透明。你是基督徒只因為你從小就是基督徒？你真的愛耶穌嗎？

我對「性」所抱持的觀點，比較傾向非主流。嗯，我是說相對於學校的主流文化。身為舍監，我要為我那一棟的住宿學生設計不同活動，主題包括冰淇淋晚會、社群媒體的規範，以及大家都關注的議題，譬如，性。

我記得有一位舍監特別設計了小巧又實用的「性事組合包」——含括各種相關資訊：性病預防、不同姿勢的性行為、與性相關的有趣知識——送到每一間寢室，每包附送一個免費保險套。

一年前，我還沒當上舍監時，另一位我從未見過的舍監到每個房間宣佈：「送大家糖果和保險套，不用謝我！」對那個年紀的我們，有什麼東西比糖分與乳膠更適合成為萬聖節的禮物呢！

我從其他舍監口中聽過一個有趣的活動，叫做「性感尋寶遊戲」。在遊戲中，學生要到校園各處去尋找乳液、香蕉、保險套、牙刷等東西，當大夥兒把寶物找回來之後，可以換取禮物，然後舍監會藉著尋回的寶物來教導學生們。

另一個遊戲，是在一群人當中發糖果，再要求每個人把拿到的糖果分給不同的人，如此循環三、四次。結束前，舍監會告訴他們，那些他們分送糖果的對象，可以比喻為「與他們進行沒有保護措施的性行為」的對象，而他們拿到的糖果（巧克力、水果軟糖、聰明豆）則代表不同的性病。誰手上拿著上述三種（或其中一種）糖果，很抱歉，那代表你已經被傳染了某種性病。

顯然，大學裡對性的普遍想法不外乎：那是你**應該**去做的事。因為這檔事好玩又有娛樂性，不但無傷大雅，更是舒壓的好方法——前提是你要做好防護措施，確保自己不會染上性病。

這是個奇怪的弔詭現象。性可以是一切所有，也可以微不足道。兩者竟然同時發生。說性是一切所有，因為它幾乎是人類生活、思想甚至社會觀點的中心。在我們的文化裡，性定義了我們是誰，性別則成了我們的身分認同。

潔內兒・芭黎絲（Jenell Paris）教授在她的著作《終結性愛認同》（*The End of Sexual Identity*）中如此敘述：「我們不斷被告知，深藏我們內在的性感覺，其實是衡量真實自我的媒介——我們藉此得知、探索與表達我們的性渴望，最終，我們得以成為真實的自己。那些為了更偉大的理由而禁慾，或重整性慾的一切努力，終將被視為愚蠢或甚至泯滅人性。」[1]

說性也可以微不足道，因為它顯然**沒什麼了不起的**。我知道學校裡那群熱衷男女關係的人當中，還有人彼此競爭，看看誰最不在乎這檔事。

我甚至記得有個學生將性愛與握手相提並論，暗示性行為和握手沒什麼兩樣，只不過前者好玩、享受多了。這種觀點總是令我感到不可思議，因為那是一種最典型的世界觀，一旦進入真實世界中，很快便被照單全收。我常想，那些認為性愛「不過是握個手」的人，如果他們的女友或男友決定去和別人「握個手」，恐怕沒有多少人可以繼續堅持這個理論。

然而在大學裡，「性」確實是一種運動兼宗教。我曾和班上一些同學聊及這個議題，對話很快便陷入互貼標籤的泥沼裡——誰對誰錯，誰是自由派、誰是保守派，誰是宗教人士而誰不是……最後僵持不下而難有共識，有人評論某些行為是罪，對立的一方則辯駁：「那根本是一種壓制。」

我發現，包括正反兩方，我們對性議題的討論都放錯了重點。事實上，一些真相與實際狀況雙方都沒有提到。

## 性的原意

面對主流文化中「性慾過高」（hypersexuality）的現況，很多基督徒的反應是：致力宣導「完全無性」的靈性追求——把性愛視為終極禁忌。然而，那些把性**過度放大**、認為性是一樁大事的基督徒，他們的行為其實也和「性慾過高」的人差不多，只不過他們是以完全不同的方式來呈現：把「性慾過高」偷換概念成「骯髒有害」，所以**永遠沒有談論的必要**。

但在某些狀況下，「性」真的沒有我們想像中那麼嚴重、缺它不可。

事實上，我們從來就不是慾望的奴隸，也不是性感覺的奴隸，更不是性行為的奴隸。在構築「我們是誰」的元素中，性是其中一部分，但它無從定義我們，也不是我們的身分認同。

1 Jenell Williams Paris, *The End of Sexual Identity* (Westmont, IL: InterVarsity, 2011), 12. 2

另一方面，我想是因為我們在這個議題上做了一件幫倒忙的事，就是把性拉低到「做」的層次——過度簡化成兩個人身體之間的接觸。

但事實上，性遠比兩人之間的器官接觸來得深刻。有個能讓二十歲年輕人跌破眼鏡的觀點是，即便沒有性行為，仍能保有完整的性慾，同時活出精彩動人的生命（想知道怎麼做嗎？不妨問問耶穌）。

基本上，性慾是關於親密感與兩人共享的連結。那是與創造生命相關的議題——生兒育女是最具體的外顯結果，還有另一層較隱形的連結形式，例如友情、美好、深刻與相互鼓舞。

「性」的英文是從拉丁文「secare」這個字演繹而來，原意指的是：切除、斷絕，或與整個群體失聯——這正是我們與生俱來的狀態：隔絕、不全、失聯而孤獨。因此，生命成了一連串尋覓的過程，我們試圖以各種不同的方式，尋找那份斷裂後的重新連結，想盡辦法要將完整的我們重新找回來。

打從一開始，我們便因分離而受苦，因而對連結與親密感殷殷期盼。那份歸屬感的追求在我們內心深處不斷召喚——那才是真正的性慾。如果我們將那些渴望解釋為「性」，那是貶損了性的原意。不，那不是性。

羅納德．羅赫瑟（Ronald Rolheiser）在他所著的《神聖的渴望》（*The Holy Longing*）

中寫道：「一個人可以縱情於性生活，卻仍然缺乏真愛、社群連結、家庭關係、友情與創造力；就像有人可以堅守獨身，卻在這些外在關係的連結上豐沛滿足……夜深人靜時，獨自成眠或許令你感覺孤單痛苦，但如果你身邊明明躺了個伴侶，你卻依舊感覺是獨自成眠，那麼，你的孤單痛苦，恐怕比獨自一人更強烈。」[2]

這一點很重要，因為性行為已經成了生活中各種連結與親密關係的表徵，而婚姻是唯一的媒介，唯有藉此，強烈的火苗才能持續燃燒。沒有婚約的限制，性就失去了完整的信任、承諾、與直至死亡的相約相守——那樣一來，性只是一個謊言，讓你可以快速證明某種「合一」——只是，合一從來不在這樣的關係裡。

聖經多處經文清楚言明，沒有性，我們仍舊可以活得好好的；但如果沒有親密關係，我們將會難以存活。沒有性愛歡愉，我們也可以活得好好的；但沒有群體關係，我們將會難以存活。好好咀嚼這番真理，那意味著當我們在婚姻裡與伴侶相遇時，有能力更愛對方。

我們的文化極度渴求這樣的真理、連結與親密感。我們早已將「性」降格為麻醉藥，每次需要麻痺、壓抑或尋求刺激時，便奔向它。

2 Ronald Rolheiser, *The Holy Longing* (New York: Image Catholic Books, 2009), 196. 3.

當我還在念大學時，各種訊息都告訴我「想做什麼、何時去做，都是你的自由」。但在那扇緊閉的門後面，許多人許下了破碎的性承諾。

## 性不能定義你

身為大四畢業生，我一直很想找出一種方式來愛我的同儕團體，讓他們有機會聽聞耶穌的愛、恩典與寬恕。我開始在我那層樓的大廳帶領查經班，但每次都只來了兩、三個人——這樣很不錯，我也知道我該為此感謝主，但是我不滿足啊！我還想要接觸更多人，所以我開始反省：為什麼我要邀請他們來一個不熟悉的環境？為什麼我不親自到他們熟悉的地方去見他們呢？

就在我思索這個問題時，想起了學校的「開麥」活動，那是一個讓有才藝的人在開放性場合中自由表演、與群眾互動的活動。學校的「開麥」大約一個月舉辦一次，幾乎場場爆滿。我一開始的想法是：「我不會跳舞也不會唱歌，更不會玩樂器，參加那個會不會死得很慘啊？」然後我想到了詩。嘻哈文化、詩、RAP表演都是我成長過程中非常熱愛的玩意。我很喜歡、也看過無數這類的節目，只是從來不曾親自上場演出。

在我的想像中，那是一次性的演出——利用舞台表演的機會，用創意的方式將與

「性」相關的故事傳遞給我的朋友們。那些故事是大部分人經常在想的問題，也是我們不時從媒體與廣告中看見與聽見的主題，更是造成我們痛苦、悲哀與傷害的來源之一。

於是，我在學校餐廳裡熬了好幾個晚上，完成了一首詩〈性愛療癒〉（Sexual Healing）。當演出日期一天天逼近時，我緊張得快死了。我想我這輩子還不曾這麼焦慮過，我甚至開始想像一群人對著台上的我發出噓聲，叫我滾下台。我知道我所使用的語言，或許會因為違背大部分觀眾的觀感而引來他們的反感——更何況為了達到效果，詩的語言經常會以誇張而尖銳的方式來表達。

你猜那一晚的結果如何？觀眾其實還蠻能認同的，也引起一些共鳴，他們並沒有把我轟下台。不只如此，隔天開始有學生針對我演出的內容找我聊聊。在類似「尼哥底母（尼苛德摩）時刻」的對話中（順道一提，尼哥底母是法利賽人，向來與耶穌公然為敵，卻在某晚暗自來找耶穌，誠意十足地問了許多問題），這位朋友問了一些問題，也給我一些回應，那些都是我不曾在課程設計中聽過的內容。

我忽然明白，原來我們是何等需要這些指引——有關親密感、連結，以及生命。在我們內心深處，我們都知道性承諾無法滿足這些需求，不論我們如何自欺欺人。不過，請記得，我們總能找到一個更好的途徑，而耶穌正對著我們伸展雙臂，邀請我們進來。

大學畢業後，我投入製作網路影片的世界，在我的頻道裡上傳我自己的節目。那支影片就是我之前寫的詩作〈性愛療癒〉，還在大學公開表演過（請問一下，這裡有沒有馬文．蓋伊的粉絲？）。對我而言，那是一段從破碎的性慢慢走向醫治、救贖與整全的療癒之旅。

那晚的深夜時分，我坐在電腦前，有陌生人在社群媒體上留言給我說：「嘿，你看！這個超紅的臉書專頁貼了你的影片，太讚了！」

早些時候，我會為類似的事而感到興奮（嗯，其實到現在還是很開心啦），然後一一瀏覽跟回應那些評論。於是，我點開了那個臉書專頁，發現那裡的人都對性愛抱持一致的「純潔論」。我繼續瀏覽，另一個影片吸引了我的注意。我從標題上知道那是「街頭實驗」的內容。

我開始觀看，越看越火冒三丈。

影片內容是一個人站在街頭，拿著麥克風，隨機訪問路人。那個人倚著一台停靠路邊的小貨車，當人們經過他身邊時，他會拿出兩瓶一模一樣的瓶裝水，瓶口封起，裡頭是乾淨的水。然後，採訪人詢問那些路人：「你會選哪一瓶水來喝？」

大部分人對這個提問不明所以，一臉困惑。此時採訪人又說：「麻煩你等一下。」然後轉身拉開小貨車的門，接著，一個又一個人從小貨車裡跳出來，各拿著一瓶水，一邊喝水還不小心把水溢出，再用舌頭舔一舔瓶口。當幾個人「表演喝水」完畢，採訪人會轉向受訪的路人，再度問道：「現在，你會選哪一瓶水來喝？」

那是再明顯不過的設計手段，一步步引導受訪者在沒有其他選項的情境下，只能選擇那個封口完好、乾淨的瓶裝水，而不是被喝了一半、還沾有口水的開封瓶裝水。然後，整段影片的重點來了，採訪人說出了類似這樣的結論：「你看，這就是你未來配偶對性愛的感覺，那正是你不該有婚前性行為的理由。」他強烈暗示，如果你在婚前有過性行為，你就等於這個骯髒、噁心、被喝到一半、還被吐過口水的水瓶。

請容我清楚表達我的立場：**這不但是徹頭徹尾的錯誤，而且不論心理上或靈性上，都充滿貶損他人的意味。**

首先，誰管你是不是處女或處男？我們在某方面都是破碎而「污穢的」，不是嗎？所以耶穌才要到世上來，他來恢復我們、醫治我們、認識我們、愛我們，與我們同在一起。誰管你有沒有穿那件「真愛要等待」的T恤啊？無論如何，你都需要耶穌。

你不是瑕疵品。

你的貞操（或失去貞操）從來就不是你生命中最重要的事。

「性」和「你」從來就不能畫上等號。

你不需要和你第一個約會的對象結婚。

如果你聽了一輩子「性就是敗壞」的言論，而無法在婚後扭轉觀念去享受性愛的美好，你不用感到奇怪。福音主義最大的矛盾就是，他們經常宣講兩套截然不同的信息。其一：性是骯髒、錯誤、邪惡的。其二：你應該趕快結婚，好讓你合理享有性生活，因為性是很棒的。

這樣的信息，令數百萬的人們受傷、疑惑、破碎，苦毒恆生。

至少，就我的情況而言，在我還沒準備好時，「性」就不幸發生了。我用很多時間去面對這個問題，尤其在性慾、交往、戀愛關係的功課上，我努力去做我認為一個基督徒該做的事。

如今回想，當時的我並未真正享受與耶穌之間的關係，不過是一頭熱地投入宗教而已，因此我搞得自己心力交瘁，卻沒得到生活的喜樂與生命力。

於是我想，好吧，或許這方法行不通。搞不好，隨心所欲去做才是答案。

對性愛、女孩子的追逐，幾乎耗盡我的時間。我現在可以大膽地說，對於十九歲時的我，我完全明白這個我不太想承認（我當時也不自知）的事實——性愛與女孩子，就是我每天早上起床的理由。

那當然離不開快樂、滿足的感覺。在那些短暫的片刻，一切痛苦、羞愧與罪惡感彷彿成了遙遠的記憶。我感受到快感，還有頃刻間的結合——只不過是比較空洞、廉價的那種。

## 扭曲的自由

在我那個世代，談到兩性交往與戀愛關係，似乎都難逃消極、負面的看法。公認的刻板觀念，始終圍繞著兩個極端。

首先，光譜的一端是我所謂的「隨心所欲」原則。自六〇年代的性解放以來，我們的文化一直存有扭曲的自由觀念，落實在愛情關係上，則帶出了兩個方向——其一，只要不傷及任何人，只要你想，只要你覺得好，有何不可？其二，尊重別人的自由，不要去勸別人說他們做了不對的事，或說那些事可能會造成傷害或對他們不好。

過去人們覺得驚世駭俗的觀念，如今已成了很正常的事，接納的尺度也越來越寬鬆，譬如：結婚前不妨先同居看看、第一次約會就上床吧。事實上，最近一篇刊載於科技網站「混搭」（Mashable）的文章指出，一段關係要進展到性行為的程度，平均只需要十個來回的對話訊息即可，兩人甚至還沒見面呢！另一篇近期出現於時尚雜誌《浮華世界》（*Vanity Fair*）的文章，內容描述一個女生親身經歷一段「普通」的約會過程——透過交友網站與男生聊天，見面做愛，然後當她起身穿衣服準備離開時，那個男生還躺在床上用手機繼續看交友網站，尋找下一個女生。

休閒式的性愛。

色情網站。

一拍即合。

同居生活。

那是新常態、新標準。

說到這裡，也不得不檢視教會所犯的一個錯誤（當然，這裡是指某些教會的立場，不代表每間教會或個人的做法，只是泛指當今普遍的道德氛圍）。他們變得太過反動，為反對而反對，而不是藉此表達他們本該主張的立場與本意。

這不是一個好的做法，它站不住腳，而且難以持久——不過是個暫時的解決方案。上帝的國無須回應這個世界，我們要做的是為世界指出一條更好的出路，告訴他們這是不一樣的。

長久以來，教會沒有承擔起開啟「性、交往、婚姻」對話的職責，拱手讓主流文化掌握了發言權，我們只能滅火與回應：

性是糟糕的。

不要手牽手。

如果你親了你的男友或女友，你就犯罪了。

你的貞操就代表你這個人。

女孩子不能穿細肩帶的上衣（因為上帝禁止，免得男生一瞥見女生肩膀便陷入情慾烈火中）。

所以，相對於「隨心所欲，隨時想做就做」的極端，教會擺到了另一個極端立場——一種建立在極端教條主義上的文化，往往傳達了與聖經對立的主張（換句話說，這種文化認為性與慾望都是不好的，它們就是這個國家活該坐著吊籃下地獄的理由）。

我們創造了什麼？創造了一種強調「當個處女或處男」比「當個愛耶穌、服務貧窮、建立公義的耶穌跟隨者」更重要的文化，一種在意「行為表現」比「內心轉化」更重要的文化。

著名的美國影集《無恥之徒》（*Shameless*）就大大嘲諷了這一點。有一集的內容提到一個大學生，他室友的女友標榜自己還是處女。那個男生質疑道：「我以為你和你男朋友早就做過了。」這個女生回答：「只開了後門啦，我要把自己保留給我未來的丈夫。」

要說人們在這個議題上完全沒有劃錯重點，未免把事情想得太簡單了。要當個好基督徒，在**技術層面**上保留處子之身，似乎比在身體、思想與情感上真正榮耀上帝更重要。

我聽過太多基督教大學的學生，為免「慾火焚身」，在十八、九歲時便紛紛走入婚姻。我相信每個年紀輕輕便結婚的人，都有他們的正當理由，但我再三強調的是，一切仍要回到初衷。行為背後的內在動機到底是什麼？我知道很多來自九〇年代的福音派信徒，他們結婚大多是為了遵守宗教的律法，而非因為他們覺得自己應該結婚。

最近有人告訴我，我們都是性改革時期的難民——那些扭曲的自由觀念所引發的行為，使我們這一代年輕人在情感關係上徹底破產。但我覺得，把這句話放到基本教義派的立場上同樣也說得通：我們許多人也是從所謂「純淨文化」那裡逃出來的難民。

許多人在踏入婚姻後才驚覺丈夫沉迷色情世界，或無法享受夫妻的魚水之歡與親密感，因為我們在成長過程中吸收了太多「不行，性很骯髒」的耳提面命。然後我們開始質疑，那現在呢？有更好的出路嗎？有沒有一個規範、教條與經文都同時允許的中間地帶？在那裡，我們可以享受來自上帝（而非魔鬼）的慾望——對親密感、對合為一體、對伴侶與關係的渴望。

可是放眼望去，世俗文化所遵循的潛在規則是：真正的自由必須沒有限制。

例如，不要告訴我性行為只能在婚姻裡發生。

例如，不要告訴我怎麼對待我的身體，或是可以做什麼、不可以做什麼。

有時候，有人會問我們：「我可以在婚前有性行為嗎？」

你當然可以。你可以隨心所欲做自己想做的任何事。只是我必須說，這個問題實在爛透了。

更好的問題是，什麼東西能給你最美好的人生？什麼東西能讓你享有最極致的喜樂與滿足？什麼東西能帶給你最完整的生命？

很多人相信「個人自由是最終極的目標」，但這其實是一個謊言。我們或多或少都曾反抗父母那一代過度教條主義的宗教規範（就某種程度而言，那無可厚非），我們駁斥他們：真正的喜樂必須在徹底的自由中才能獲得。

然而我想問：那麼，什麼是真正的自由？

## 自由與限制

對我而言，真正的自由，本來就帶有限制。如果想要擁有真正的自由，你必須先接受限制。

有人說，魚在水裡真的無比自由。牠可以自在地嬉戲、吃喝、做任何事，前提是在水裡。但如果你把魚從水底撈起來，放在陸地上呢？牠很快就會死去。陸地對牠而言從來就不自由——魚的設計本來就無法在陸地上生存。

或者，讓我們看一下常被用來標榜人類探索自由的活動——高空跳傘。就在你感覺無拘無束、自由翱翔的剎那，其實你正備受限制。你身穿套裝，繩索拉著你，背包裡裝了功能齊全的降落傘。拿走所有限制？你必死無疑。

因此，問題不在於「我要如何把所有限制拿掉」，真正的問題是：要在什麼樣的限制之下，我們才能享有最大的自由？

對於「性」而言，那就是「婚姻」。

性是如此美妙、快樂、生機勃勃，高度親密而敞開自己，要在最能發揮它極致美好的時機下進行——**在婚約之中**。

如果你與某個無法為你承諾一生的對象進行性行為，最終只能招致死亡。即便你在當下可能感覺非常自由，但就像跳傘時背上沒有降落傘，早晚會墜落摔死。至少那是我的親身經歷。

因為事實的真相是：如果我們讓身體來說（我想和你一起）我們不願去做的事（未婚，所以還沒準備好），我想，可能情況會適得其反、甚至產生短路。

性是如此重要而影響深遠、不可思議的美好。這樣極致的身心滿足，只能在婚姻內才能享有。

我非常喜歡提姆．凱勒（Tim Keller）對性的形容，基本上，他將性視為一種更新誓約的儀式。[3]性就是呈現你身體的一幅偉大圖畫，將你在婚禮祭壇上所立下的誓言「身體力行」地再說一次——無論疾病或健康，只有死亡能將我們分離。我想要永遠與你成為一體。

事實上，在婚姻裡的性醫治了某部分的我。過去的性帶來死亡，而如今在美好而充滿愛意的婚約裡，性為我帶來生命。當性被扭曲、　用時，它會傷人、破壞、帶來迷惑，但當它以正確方式在承諾、敞開與柔軟的情境下行使時，性可以修復、醫治與軟化一份關係。

生理衝動與色情慾望形塑了我的青少年與大學時期，那是一段荒唐與扭曲的階段。就像一個成人在兒童泳池內戲水——沒錯，你可以藉此在大熱天圖個涼快，但你的被造不該只是如此，而是為了**更好的**其他目的——你其實還有為你量身打造的開闊水池，甚至是更深、更廣的海洋，可以讓你無止境地探索你的生命。兒童泳池沒什麼不好，只不過你如果讓自己泡在兩尺深的小水池裡，你一定會為自己所錯過的美好而懊悔。在兒童泳池裡游泳很簡單，任何人都可以做到。但在水深之處游泳，則要面對各種考驗。你需要練習、需要紀律。一如婚姻裡的限制，離不開考驗、練習與各種功課。

---

3 Tim Keller, “The Gospel and Sex,” Q, accessed May 3, 2017, http://208.106.253.109/essays/the-gospel-and-sex.aspx?page=1.

我必須坦承，在一張陌生的床上醒來，或醒來時發現身邊的女生我連名字都不曉得，這些經歷並未給我任何真正的滿足感或完整的合一。我從未在那樣的關係裡被人重視。只有赤裸相對的身體，而沒有靈魂之間的裸誠相見。那在婚姻裡又是如何呢？我從來不曾感覺如此脆弱，也不曾感覺如此深刻地**被看見**、**被珍惜**、**被深愛**，而且，這些美好的事將會同時發生。

**重點分享**

我們都帶著不同的包袱走進婚姻，但我們也可以在婚姻裡找到真正與深度的療癒。婚姻是美麗的奧祕，它關乎兩人如何成為一個新的實體，也關乎兩人如何日復一日被磨合與塑造為一個新的受造——一個擁有上帝形象的新個體。

第16章

# 就愛你原來的樣子

火星人布魯諾（Bruno Mars）

### ✧ 艾莉莎的角度 ✧

當你置身一段健康的戀愛關係，你根本不需要急著掌控，因為你們只想為對方的好處著想，不求自己的利益。

當我和傑夫第二次約會時，我們都是大學宣教事工的其中一員。傑夫的好朋友傑克比我們早一個月前往那個大學，也在那裡展開每月一次的聚會。後來，當我和傑夫搬回家鄉時，當年的大學宣教工作已卓然有成，宣教內容也陸續發展成不同的門徒小組，以及每週一次的查經班，參與的人數令人驚喜。每週三晚上，我們都會輪流到傑夫與傑克家的客廳一同學習。

有一年的情人節，我帶領一群女生探討有關男女關係的議題。我知道我要分享的內容不是大家認同的主流思維，也不容易引起共鳴，但上帝把這樣的想法放在我心中，所以我必須說出來。我向她們解釋，身為女性要如何成為丈夫的幫助者，因為那是一份意義非凡的使命。

我意外地發現，這些內容引起了這數十個女生的注意。她們睜著驚訝的雙眼，彷彿我說的是她們從未聽聞的言論。她們似乎明白了上帝的旨意是什麼，也發現祂的方式不但是最好的，也能讓她們的生命更精彩。

身為女性，我們受神召喚要成為一名幫助者。〈創世記〉二章十八節說：「耶和華神說：那人獨居不好，我要為他造一個配偶幫助他。」希伯來文的「幫助者」（ezer）意味著「協助、孕育、支持或強化」。成為一名幫助者需要具備許多能力與智慧。孕育、支持、鼓勵、培育，分憂解勞、撫慰——這許多特質，會自然地從我們身上展現出來。或許一開始要先從內心培養，但我們很快就會在相互扶持之下，經歷喜樂、無私的成長（因為有時候這實在很困難！）。身為信徒，我們都領受了幫助他人的使命；而身為女性，我們更領受了與其他女性一起去承擔這份工作的使命。在婚姻裡，我們尤其要成為丈夫的支持者。這份職責需要勇氣、力量與犧牲奉獻之心。

而在聖經中，上帝與聖靈就是我們的幫助者。〈約翰福音〉十四章十六節轉述一段耶穌的話：「我要求父，父就另外賜給你們一位保惠師[1]，叫他永遠與你們同在。」

某日，我坐在門廊外不斷流淚，沉重的壓力壓得我喘不過氣來。我有太多做不完的工作，也開始擔心未來的日子要怎麼走下去。工作的交件日期迫在眉睫，我卻卻被一堆事情卡住，我同時要籌備前往內陸的行程，而在這些瑣事之外，我們那五個月大的小嬰兒似乎睡得很不安穩……我忽然不曉得自己在忙什麼。

我開始閱讀〈詩篇〉第十八章，忽然被經文提醒，是的，上帝是我的幫助者，我可以向祂尋求幫助，祂會拯救我，因為祂喜愛我。祂會成為我的幫助者，為我移除大山、發出閃電，或不惜任何代價只為了拯救我。

如此美好的真理使我深深得到安慰。我原本在自己的軟弱中飽嘗痛苦，而今上帝在

1 譯注：「保惠師」在聖經英文版中被譯為「幫助者」（Helper）。

這段話中告訴我，我大可奔向祂的懷抱，祂會背起我的重擔，幫助我去面對那些必須完成的工作。

當然，我不能說當天所有的問題都迎刃而解了，但我知道上帝會帶領我走過那一天，我開始感受到一股重新快樂起來的力量。有位朋友傳訊息來關心我的狀況，說當晚要為我們家準備晚餐，好讓我可以不必辛苦張羅。我媽媽送花到我們家，只為了讓我心情好一些，而我最好的朋友則捎來一段聖經經文，告訴我她正在為我祈禱。我感覺前所未有的被愛、被了解、被鼓舞。

當我意識到自己何等軟弱、而上帝何等剛強時，我內心湧現了一股被安慰的感覺，不只如此，神還要我毫無顧忌地向祂求助。〈哥林多後書〉十二章九節說：「他對我說：我的恩典夠你用的，因為我的能力是在人的軟弱上顯得完全。所以，我更喜歡誇自己的軟弱，好叫基督的能力覆庇我。」

正因為上帝是我們的幫助者，所以，當我們成為丈夫的幫助者時，不必感覺低人一等，反倒要認清這是個需要力量與勇氣的角色。幫助者需要具備敏感細膩的心思，去發覺丈夫的需要、聆聽他的心聲、不停地為他禱告，此外，更要成為他的拉拉隊長和忠實粉絲。幫助者需要謙卑的心，總是優先考量他的需要，看他比看自己還重要。幫助者也要具備說真話的勇氣，勇於發出一針見血的提問；在丈夫疲憊不堪時，能承擔起持續禱告與重新得力的角色。幫助者滿懷信心，始終相信上帝在各樣境況中依舊掌權，而你可以隨時走向祂尋求幫助。

## 操縱與掌控

女性受召喚成為幫助者，但當罪惡進入這個世界時，神分別對男人、女人與那條蛇發出了詛咒。在〈創世記〉三章十六節，上帝對女人說：「我必多多加增你懷胎的苦楚；你生產兒女必多受苦楚。你必戀慕你丈夫；你丈夫必管轄你。」這含括了生產與受壓制的雙重意涵。我們都知道生孩子是極端疼痛的經歷（為現代醫療與藥物高聲歡唱哈利路亞！），但這裡所指的「受壓制」到底是什麼意思？

溫迪．奧薩普（Wendy Alsup）在其著作《以福音為中心的女人》（*The Gospel-Centered Woman*）中特別對此作出解釋：「這處經文所指的『管轄』，不是〈以弗所書〉（厄弗所書）第五章所形容那種溫和的領導模式。這裡的管轄，意味著壓制。」[2] 這段話不是說女性會自然而然地戀慕自己的丈夫，而是暗示我們將以一種非對等、類似偶

2 Wendy Horgur Alsup, *The Gospel Centered Woman*(CreateSpace Independent Publishing Platform, 2013), 12.

像崇拜的方式來渴望、戀慕丈夫。我們會戀慕男性更甚於渴慕上帝，在男性身上找尋滿足與成就，更甚於在上帝裡建立自己的價值。我們會渴望得到男性的肯定，並將自身的認同感建立在他們做了或不做什麼、開口說話或保持沉默。

這對我來說，最大的掙扎是我想要凡事都在我的掌控中。我喜歡下命令和做決定，我想要了解事情發生的始末以及未來的發展，我要將所有狀況都掌握得穩穩妥妥的。我還覺得這些都理所當然，渾然不覺自己有這方面的傾向。我最近常為小孩的睡眠狀況而焦慮，我擔心他太早起床，或睡眠不足會讓他不開心。只要他的作息沒有按著計劃來，我就惴惴不安。雖然我已盡力確保小寶貝所需要的都備齊了，仍有許多事情不在我的掌控之內。即便我提醒自己要將一切交託給主，但這談何容易啊！我們總是質疑祂是否真的掌握了一切，偷偷地相信「祂根本沒在工作」或「祂根本無力按著我們的標準達成任務」這些謊言。

當年夏娃在伊甸園時，她感覺神似乎對她有所隱瞞，於是，她想要掌管自己的人生、走自己的路。神早已囑咐亞當，他可以吃遍園裡所有樹上的果子，唯獨要避開分別善惡樹的果子。神知道，若吃下不該吃的果子，他們將不再倚靠祂和需要祂，只想要靠自己。但神想要與他們建立親密的關係，與祂所愛的孩子享有恆久的互動，一旦他們吃下那果子，這份連結與關係將會隨即斷裂。

然後，當撒旦誘惑夏娃摘下那顆果子來吃時，牠扭曲了神的話語，讓夏娃懷疑神，於是落入牠的圈套裡。〈創世記〉三章六節如此記述：「於是女人見那棵樹的果子好作食物，也悅人的眼目，且是可喜愛的，能使人有智慧，就摘下果子來吃了，又給他丈夫，他丈夫也吃了。」

我們很容易責備夏娃做錯事，但如果細看整段經文，你會發現夏娃這個決定並非貿然而行，而是經過邏輯推測而做出的決定。那果子不但好吃，而且「顏值」很高，還能讓你吃了就變聰明。沒錯，神確實禁止她吃，但她最終決定不相信祂的話，而做了她認定最好的選擇。她不相信神是為她好，所以她把控制權拿回來。然後，當神來尋找他們、詢問發生何事時，夏娃曲解事實，把責任怪到那條蛇身上。當然，那條蛇確實欺騙了她，但決定相信並採取行動的人，是夏娃，是她先摘下果子，放進口裡。她從來就不乏選擇——可以相信神，或相信撒旦——而她選擇了後者。

其實，我們和夏娃也差不了多少。我們也常忍不住想把掌控權操在自己手上，不相信神的話語、不信祂的全能，甚至懷疑祂是否一心顧念我們。我們是不是經常以為我們知道什麼才是對自己、對丈夫、對朋友、對孩子最好的安排？

我的飲食失調症的起因，正因為我想引起男生對我的注意。我渴望得到他們的肯定，想盡辦法只為了讓他們注意到我。不管當時的情況有多糟糕，我就是想透過控制自己的吃與不吃，來掌控自己的人生。

很多時候，想要掌控的慾望，會變成操縱他人的具體行動。有些女生透過操控男友的生活來掌控她們的男人。這樣的行徑通常源自對安全感的匱乏。我有位男性好友和一個女生交往，他想要和她結婚，於是著手規劃未來的結婚大計。他們花很多時間討論結婚的事，但最後女生選擇分手，我這位好友為此而心碎。

他們雖然分手了，但繼續以朋友關係來往，長達好幾年時間。我的朋友知道那樣並不是很好，但他還是期望有一天他們能夠復合。在那過程中，他曾在臉書上封鎖她、放棄在Instagram上追蹤她，還將她的手機號碼刪除。但是，這個女生卻會持續打電話、傳訊息給他。他們還是常常碰面，她會用挑逗的言辭、說些男生愛聽的話，讓他持續待在她身邊。

她想成為下命令的那一個。她在約會時提早談論結婚話題，以此營造某種曖昧的親密感，也藉此掌控他。一旦她的感覺變了，當她感覺寂寞或需要找個朋友聊聊時，她總有辦法隨時找到他。但是，她從未為他的感受著想，一再給他虛假的希望。

掌控他人是一種自私的手段。如果你明知不可能復合，就應該把關係切割清楚，放手讓對方離開，使他／她得以自由地被醫治，好讓他們可以重新出發，迎向神為他們準備的另一個人。

## 夫妻是個團隊

當你投入一段健康的關係，你根本不需要操縱與掌控，因為你們會急著為對方的好處著想，不求自己的利益。你們會誠實相待，展現包容與耐心。婚姻裡最美好的事，不外乎兩人同時將掌控的慾望交出去，為了對方付出自己，在那樣柔軟之中，你將感覺到極大的喜樂與安全感，從內在深處油然而生。

當然，操縱與掌控的觸角仍會在不知覺間悄悄潛入你的婚姻。和傑夫的婚姻生活中，掌控慾不時在我心底蠢蠢欲動。

我記得，當我的大女兒金絲莉一歲半時，傑夫和我全心投入孩子的紀律訓練。我的意思是，你其實一直都在訓練你的孩子，也在他們年幼時期就建立許多紀律與習慣，但在那樣的年紀，我們還是要想辦法找出有效訓練孩子的原則。我當時肚子裡懷著兒子肯儂，可想而知我當時經常感覺疲累而易怒。

此外，我還要不斷對抗自己的掌控慾。傑夫是個了不起的爸爸，他竭盡所能地投入家庭，承擔起領導家庭的責任。但不知道為什麼，我總是抗拒他。我想成為下命令的那個，我想要自己決定用什麼方式來教養孩子，並強勢地要求他聽我的，因為我是媽媽。

某個星期三早上，我和一群媽媽朋友們在我家進行查經聚會，那一天負責帶領的人，是個年紀稍長、孩子已上中學的媽媽。她和我們分享自己如何樂於將主導權交給丈夫。我笑了，一邊在心底嘀咕：「天啊，真希望我也能說出這番話。」突然間我被敲醒了——我發現自己是多麼霸道，不但將傑夫往外推，還高抬自己，彷彿只有我懂得最多、我的意見最好。

那天早上，聖靈對我的心說話，揭露了我長久以來的傲慢。我慢慢明白，原來我也可以歡歡喜喜地順服傑夫，因為上帝已將這麼一位深愛耶穌、又願意領導家庭的好丈夫賜給我。這位丈夫對我們的家庭抱有願景與目標，他不只人在家裡，也以恩典與真理來帶領我們。

上帝不要傑夫以強制手段來帶領我們的家庭，也不要他用忽視來面對我的意見；上帝也不希望我和傑夫經常因為意見相左而爭吵，或因為我不認同他的想法而貶損他。上帝要我們傾聽彼此的心聲，同心合力把事情做好。祂要我信任傑夫，因為我有足夠理由相信上帝會持續在傑夫的生命中做工，而祂也給傑夫不同的功課——要他察覺我的想法，而且溫柔地帶領我們的家庭。

傑夫和我是個團隊。他當然不會擬訂一份將我排除在外的計劃，他的計劃裡總有我的位置，他也不會期待我自動遵照他的每個想法去做。我們各自執行許多事，但只要我們想法一致，那就表示：「行，就這麼辦！」

上帝把我們（和我們各自的強項）放在一塊，因此我們可以合力完成許多目標。而我也越來越明白一件事——我可以放心相信上帝持續在傑夫的生命中做工，賜他智慧，使他能為我們的家庭做出最佳決定，我則樂於享受與傑夫一起合作，而非將他排拒在外。當我們按著這樣的節奏同步前進，那就是最理想的狀況——也是上帝最原初的心意。

**重點分享**

妻子接受神的召喚、承擔起幫助者的職責，那是一份非比尋常的重責大任，需要具備勇氣、力量與犧牲成全的心。當這份擔子過於沉重而難以負荷時，上帝要我們走向祂、倚靠祂。我們可以放心相信，上帝持續在我們丈夫的生命中完成祂的工作，好讓我們可以打造一個健康的團隊，一心為對方著想，不求自己的益處，讓上帝對婚姻的美好計劃彰顯無遺。

# 第17章

# 打開你的心

菲利·飛力普（Phillip Phillips）

✧ 傑夫的角度 ✧

有沒有想過，婚姻的存在，並非要使你快樂，而是要使你成聖？

我和艾莉莎都愛喝咖啡，尤其是我，根本是無咖啡不歡。咖啡（以及好書）是我戀戀不捨的「愛的語言」，我還有一件T恤，上面印著一行字：「我愛你更甚咖啡，但不要叫我證明給你看。」

說到喝咖啡，我有些不能妥協的堅持與原則。首先，必須得用特定的馬克杯。而且，我要在起身之前把咖啡喝完，擱置太久的咖啡我不喝。再來，我堅持黑咖啡。我從不添加一些有毒的「奶類製品」。

但艾莉莎對咖啡的偏好和我不一樣。她喜歡在咖啡裡添加奶精或牛奶。她可以一杯咖啡慢慢喝，一天下來，得用微波爐來回溫熱好幾次——那對我來說簡直可怕。而且，她會將咖啡隨意放置各處——車子裡、房間裡，或外面的門廊上。

幾週前，當我坐進車子裡，我忽然聞到一股酸腐的氣味飄散其中。由於我們家有兩個三歲以下的小孩，基本上我們的車子恆常屬於一級戰區，亂象與臭味乃兵家常事。但我還是決定要把罪魁禍首給揪出來。

我從左邊車門底部的杯架開始找起，發現了一個外帶的咖啡杯。那是個偏離視線範圍的位置，很容易被忽略，我知道，就是它。

我原本應該隨手丟了它，但突如其來的好奇感使我很想一探究竟。不看還好，一看幾乎令我昏死過去。

不是開玩笑，那股極端噁心的腐臭味，差點讓我在那一刻蒙主寵召。好吧，我不講那些驚恐的細節，但你想想看，那杯混著奶製品的咖啡，待在密閉式的空間好幾天，而車子在夏威夷茂宜島的艷陽下曝曬……真的慘不忍睹。

那一次事件，讓我忍不住聯想起，大部分人在處理自己的過往、感情包袱以及婚前的種種事件時，那種可怕又真實的畫面。不管我們喜不喜歡，我們都已將**一切**帶入婚姻裡——我們的經驗、創傷、失敗、過往、羞愧、罪疚，以及我們那破碎不堪的生命。

然而，大部分人卻不願直接面對，而是假裝它們不存在或不會影響我們。一如那杯放在車子裡的咖啡，明明近在眼前，我們卻視而不見、也不在乎。直到那些包袱開始飄出異味，越來越臭，越來越糟糕。

我們的過往——那些包袱以及所有被帶入婚姻裡的事物——是個定時炸彈，早晚會爆發。它們攔阻我們享有真正的親密感，也使我們錯過真正的喜樂。

事實是，上帝要透過婚姻，來恩賜我們許多美好的禮物。

一般而言，有兩個方式會讓我們把一些事物帶入關係裡，一個是藉由我們做過的事，另一個是別人對我們所做、我們不得不接受的事。

遺憾的是，在我們的文化中，性侵、暴力、情緒創傷都時有所聞。我收過不計其數的電郵，許多人將年少時期發生的可怕經驗告訴我，訴說那些慘痛經驗如何癱瘓他們的婚姻——阻隔了親密感，製造了疏離，在伴侶之間硬是築起了一道銅牆鐵壁。這些不是我們做的事，而是別人施加在我們身上、不得不接受的事。

前幾年我讀過一本書，內容精彩而令人心碎。精神科醫生塞爾・范德寇（Bessel van der Kolk）在他的書中敘述，創傷如何影響我們的生理機能、大腦化學以及人性中的其他層面。光看書名，便足以令人怵目驚心——《心靈的傷，身體會記住》（*The Body Keeps the Score*）。

平均五個美國人中有一個曾被猥褻。

平均四個人中就有一個在酒精成癮的家庭中長大。

平均三對配偶中就有一對歷經過身體暴力。

不管我們多麼努力想把那些創傷遺忘，不管我們如何想努力往前跨越，我們的身體始終不肯依從，除非我們真正去**面對與處理**，再尋找療癒的機會。我們的身體從不輕易遺忘，除非我們正視它。「創傷真的會重塑我們的身體與大腦，使受害者在追求樂趣、熱情、節制與信任等目標時，大打折扣。」

范德寇醫生最關鍵的發現是，少了適當的幫助、關懷與治療，本質上你的人生與成長便停止了。你將失去整合生活新體驗的能力，這對於生命中最親密的關係——婚姻——無疑是個巨大的虧損。范德寇醫生提及他曾帶領的一個支持團體，成員是一群二次世界大戰的倖存者，每個都有「創傷後壓力症候群」（PTSD）。范德寇醫生深受他們信任，他們甚至在聖誕節時送醫生一隻二戰時期的手錶。然而，醫生卻對此感慨萬分：「他們的人生實際上就停擺於那個悲傷的時間點，一九四四年……之後再也走不出來了。」

創傷在你的身心系統上形成一個自動循環的迴路，不但阻止我們繼續往前行，也使我們不自覺地讓整個人生都繞著過去的創傷轉，彷彿那個事件持續在發生一樣。我們會透過舊事的角度來檢視現在的每一件事。但很少人知道，這些都與生理學息息相關。事實上，你等於是透過不同的神經系統來體驗人生——你將大部分能量都聚焦於「以放棄精彩人生來壓抑內在生命的混亂」。你耗費所有能量來保持心智冷靜，然後，你再也沒有力氣去開創美好人生，也無法朝氣勃勃地生活。

但我對范德寇醫生最感興趣的研究，是一小篇針對藥理學危害與黑暗面的內容，其中敘述我們的文化如何高度重視藥物與處方，將之視為一切病痛的答案——醫生坦承，這些藥物不可或缺、也很重要，但我們是否將藥物的價值擺得太高了？

在那一章結束前，有一句話直擊要害。范德寇醫生說，「大腦生病模式」（意即將藥物視為最基本的答案）忽視了一個事實，那就是「互相毀滅的能量與互相療癒的能量是一致的。幸福感的恢復，取決於關係與群體的修復」。

那些足以毀滅我們的元素——人與人之間的關係——也有能力療癒和醫治我們。

我想起一名從小被家暴的妻子，她長大以後，任何肢體觸碰都會引來她的驚恐與尖叫。她的丈夫花了數年時間，一遍又一遍地以充滿療癒的撫摸——溫柔、細緻與優雅的觸碰方式——來對待她。慢慢地，這份修復與充滿力量的觸摸，開始在她身上（以及彼此的關係裡）帶來療癒的可能。

我也想起一位酒精成癮的丈夫，因為幼年被父親遺棄而耽溺於酒精中。但他的妻子幫助他在彼此的關係中尋得自由，她在每一天的生活中一再向丈夫承諾，確保她會不離不棄地守在他身邊，一如耶穌不斷對我們保證祂不離開我們，也不撇下我們。

婚姻所帶來的親密感，使配偶能夠擁有難能可貴的機會，以醫治者的角色進入另一方受創的故事裡。有時候，這過程需要數年之久。要在艱辛的日子裡這樣持之以恆是十分困難的，但因為雙方許下要相互忠誠、彼此守候的誓約，一段療癒的深度連結才得以直到永遠。

## 證明你的案子

除了他人施加於我們身上的罪，另一個造成婚姻缺憾的原因，便是我們自己所犯下的憾事。而我自己的親身經歷，就是最真實的詮釋。

和艾莉莎開始交往時，我帶著一身的包袱、羞愧與創傷。我深知在過去的情感關係裡，我屢屢跨越界線，做了不該做的事。那些糾結於腦海裡的畫面和想法，使我們的交往過程格外艱辛。

一直到我們開始約會，二十出頭的艾莉莎才第一次與男生牽手。交往經驗有如白紙的艾莉莎，讓我過去那些感情記錄顯得更加混亂不堪。

然而，有些事物終會帶領我們走向整全之路。

第一件事就是，我道歉。為許多事情道歉。

在認識艾莉莎之前，我以扭曲的方式放縱自己肉體的需求。我對不起艾莉莎，也對不起我們之間的誓約（同時也對不起那些女生以及她們未來的丈夫）。我深知自己需要為此而認罪、悔改。

我曾在臉書上發訊息給過去的女友們（不會太難堪，對嗎？），為了我的過錯、我使她們蒙羞、我不夠尊重她們，而向她們一一致歉，懇請她們原諒我。

我不曉得其他人在面臨相同處境時，感受如何，但我知道我若不這麼做，我會一直背負著自責、困擾與壓力的重擔。尤其當你立志成為耶穌的跟隨者之後，道歉與尋求原諒是你該盡的本分，其餘的只能交給上帝，祂會幫助你並負責到底。我不確定那些送出的訊息是否在那些女生的心中留下一些有關耶穌與恩典的想法，或者那些女生一看那些私訊便覺得嫌惡與生氣。我無從確認，但我盡了本分之後，只能將結果交託給上帝。

然後，我發現我需要讓艾莉莎知道這些事。就在我們開始交往不久後，有一次約會結束時，我們坐在車子裡，我把所有發生的事都如實告訴她。我記得自己當時害怕得不得了，因為在我眼前的，是全校最完美聖潔的基督徒艾莉莎。

我得承認，那是我最難忘的一夜。艾莉莎沒有因此退縮。甚至看起來也不覺得受傷（也許她有，只是我不知道）。她的雙眼彷彿看穿了什麼，她只說：「我原諒你。耶穌此時此刻也是這麼看你。傑夫，你已經被潔淨了。」

在車子裡，一種「對」的契合感從我的內心升騰而起。在那美好的一刻，我豁然領悟，她是對的。那**正是**耶穌看待我的方式。

那也是耶穌看待你的方式。

潔白無瑕。

徹底乾淨。

公義正直。

一個新造的人。

一個死而復活的人。

一切都被洗淨了。

並非因為**我們的身分**，而是出於**他所做的一切**。

最棒的是，既然這一切都是因為他的作為，如此一來，我們的位置便永遠不會改變。因為他已為我們完成所有事了。成了。我們的罪已被消除。我們所有的羞愧、罪疚、痛苦與過往，他都承擔下來，然後，他讓自己被帶到十字架上。當他死去，那不堪的一切也一併死去，被放置在耶穌的墳墓裡。就在意義非凡、我們稱之為復活節的那一天，耶穌走出墳墓，把我們的罪留在墳墓裡，留在那個死亡之地。而今，我們已然擁有全新的生命。

白白賜予的生命。

罪債已一筆勾銷。

所以，這場硬戰不在於我們是否努力爭取自己的罪得到赦免、或成為新造之人；而在於我們是否相信**這一切都是已然成就的事實**。

然而，撒旦會讓一切看起來依舊糟糕透頂，讓你固執地搖頭**說不**。不可能，那不是事實。我的罪債可以一筆勾銷？哈，想得也太美了。

這讓我想起社會底層的討債集團。你知道吧，那些人會打電話給你，用粗暴的言語恐嚇你要償還一些你根本不記得在何時欠下的債務（我唯一類似的經驗是十九歲那年，有一筆七塊美元的信用卡消費，因為被我忘記而沒有及時還清，被瘋狂累積成一百美元。我當時只是想在小七便利商店買些零食。這樣算起來，那真是我這輩子買過最昂貴的零食）。

很多人不曉得討債的運作方式有多瘋狂。債務會一次次地打包、售出，再一次次地轉手賣出去。銀行可能會以類似打七折的計價，將債務賣給討債公司（如果那筆債務價值一億美元，他們會以七千萬美元賣出去），討債公司再以這筆債務的原價（或更多）催債主還債，好讓公司從中賺取價差。

如果這筆債務不好討，你猜他們會怎麼做？他們會將這筆債務轉手賣給更低階的討債公司。類似的債務轉售會不斷延續，最後，以極低的價格賣到律師事務所。然後這群專業律師會告你欠債未還，打電話通知你出庭的日期。

傑克．哈爾珀恩（Jake Halpern）在其著作《追債人：從華爾街到地下社會的駭人黑幕》（*Bad Paper: Chasing Debt from Wall Street to the Underworld*）中，記錄他曾追蹤幾個被告的案主上法庭。法庭外，律師們通常會千方百計地說服被告：「這樣好了，我們來和解吧。你的債務是五千美元，你現在只要還三千，如果你同意，我們馬上撤銷告訴，也不必再進法庭了。」大部分時候，被告都會答應還錢了事。

在書中，哈爾珀恩記下了一件怪事。他追蹤的一名債主竟然不理會律師的和解大計，執意在法庭上解決。那名律師不放棄，好幾次想要說服債主還錢了事，卻徒勞無功。後來，律師走出去，找負責開庭的人說了些話，再走進來兩手一攤說，他們決定撤銷這樁案件。所有債務也一併撤除了。

哈爾珀恩滿腹狐疑，太不可思議了！那些打電話威脅與辛苦交涉的過程都是做白工嗎？這是為什麼呢？他忍不住去詢問一名常為低收入戶債主打官司的律師，那名律師對案子被撤銷的結果一點也不驚訝，他說：「因為債主只要說出那個『魔法句子』就行了。」

「什麼魔法句子啊？」哈爾珀恩好奇問道。

律師回答：「證明你的案子。」

律師繼續指出，那些債務被轉賣好幾輪以後，最後落入律師手中。律師會採取法律行動以取得這筆錢，但這筆債務的記錄早已不可考，也沒有證據。想在層層轉賣之後保有完整的債務記錄，幾乎是不可能的事（而且賣方不會想要留下任何明確的記錄，因為他們才剛把債務賣掉，把手洗乾淨了啊）。等你拿到手時，通常只有一份檔案，裡頭列了一堆名字、電話號碼，或許還有地址與尚未清償的欠款金額。你根本無從證實那些債務的來龍去脈。

因此，當一切進入法律程序時，這些律師其實找不到任何文件來證明那些債務，所以，他們會設法不讓案件呈上法庭，再不停地打電話給你，用威脅、恐嚇的手段與滿嘴的法律術語，說服你庭外和解。一般而言，高達百分之九十九的債主會為了不想節外生枝，而讓這群律師得逞。

當我閱讀這些內容時，我馬上聯想到撒旦用來對付我們的一貫伎倆，尤其在情愛關係上（當然，我不是說我們應該債台高築，因為這種事本來就不應該做）。撒旦會使用同樣的手法。牠善於威脅恐嚇，牠會把過去的影像和想法一遍遍重現，千方百計提醒你該為過去的事而內疚，叫你別忘了所有讓你覺得羞愧的事，還有那些傷害與痛苦。

是的，我曾置身那樣的處境中。直到現在我也會有這樣的感覺。但在那些時刻，我們要勇於說出那個魔法句子：**證明你的案子**。牠就無計可施。

因為耶穌把一切撤除了，他「塗抹了在律例上所寫、攻擊我們、有礙於我們的字據，把他撤去，釘在十字架上。既將一切執政的、掌權的擄來，明顯給眾人看，就仗著十字架誇勝。」[1]

所以，當撒旦試圖潛入你們的婚姻時，牠會將累積的羞愧、罪疚與過去所犯的罪往你身上堆放，但你不需要為自己抗辯什麼。你只需要指向十字架——那是你贏得終極勝利的地方，是你所有債務一筆勾銷的地方，那個地方就在耶路撒冷城外一座可追溯到兩千年前的墳墓裡。那些過去已經被埋葬了，一切都結束了。

回想一下，你在婚禮祭壇前說「我願意」時，是不是也將過去與包袱一併帶入你的婚姻裡了？不要從那裡逃開，不要躲在情感的儲藏櫃裡，一廂情願地相信那些負面情緒會自行消失。不，它們不但不會消失，還會開始發臭，越來越糟。

你該做的是正面迎擊，同時相信並確定，在耶穌裡，你的所有罪債都已被償還了，療癒與醫治也會來臨。更何況，你從來就不孤單。

## 成為一個不同的人

我們不僅要注意那些被我們帶進婚姻裡的事物，或別人對我們所做的事，還要留意在現實生活中，我們每天在婚姻裡的所作所為。

在那些時刻，尤其是結婚初期，你會明白，原來第一年的婚姻生活是最嚴峻的考驗期。兩個完全獨立的個體，不論什麼事（包括財務、想法、事業、性事……等）都要一

1 歌羅西（哥羅森）書2章14－15節。

起面對與處理，摩擦和口角自然成了家常便飯。在那些衝突中，我們常常把問題歸咎於另一方，認為是對方的問題。如果說這樣的情況不曾發生在我和艾莉莎身上，那我肯定是對你撒謊。

「她為什麼不能像我那樣做呢？」

「她為什麼就不能這麼做呢？」

一切要回到你的核心信念來檢視：如果你以為婚姻是為了令你快樂，那你終究會失望（你的婚姻生活是否令你快樂？對我們而言確實是呢！但那其實不是婚姻的重點）。如果你真的這樣相信，你就會為各種理由而吵架與衝突。而如果你將個人快樂視為至高無上的人生目標，那麼，任何阻礙這項理想的東西，譬如面對伴侶的不同特質、與你不同的意見或看法，你都會拒絕接受。

換個角度想想看，如果婚姻不是為了要令你快樂，而是為了要使你成聖呢？我這裡所謂的成聖，不是嚴苛的道德標準，也不是過度簡化成可以做、不可做的教條式倫理（那都是虛假的）。

「成聖」的基本定義只意味著：聖潔的、分別出來的，或我最愛的解釋——不同。從某個方面來說，你可以說，婚姻是為了使你成為一個不同的人。

或者，請容我用另一種說法來表示，婚姻會使你看起來更像耶穌。

當你終於意識到，你不再為了伴侶的性格差異、個人喜好、跟你相異的想法而怪罪或發飆，反倒將這些視為使你內在生命成長的機會，那麼，上帝的形象已然反映在你身上，使你越來越像耶穌。

就像砂紙——如果你用兩張砂紙互相摩擦，肯定會產生巨大的阻力。但你堅持得越久，它們就會磨合得越來越好。

那正是婚姻生活的真實狀況。那些磨合、融入與再形塑的過程，在兩個生命的內在，重新塑造一個**全新**的形象。

艾莉莎從來就不是我追求個人快樂的絆腳石。她是上帝給我的禮物，使我具備更完整、更像耶穌的形象。

我不需要為了尋找自我而離開婚姻。反之，我需要擁抱那些分歧與摩擦。有時候，我們會全盤接受主流文化一些似是而非的言論，譬如，唯有離開婚姻才能尋得自我。

在電影和日常對話裡，我也發現某種典型的「衝突理論」，認為「伴侶孩子」與「尋找自我」之間，存在著一種永遠擺不平的拉扯。我當然明白一段婚姻的結束，源自於各種複雜的理由。我也知道有些無以為繼的婚姻，是因為已經來到一個不得不結束的地步，譬如家暴、外遇、精神虐待等等。

但我也知道，有不少婚姻的終結只是因為某種謊言——其中一方或雙方都深信不疑的謊言——他們以為，如果想擁有真正的快樂，就必須結束婚姻關係。他們不曉得，一段深度而長久的婚姻，往往是**自身極限**得以扎根成長的絕佳時刻。

我們或許不該一味想著如何結束一段婚姻，而是嘗試去深化與擴展我們對婚姻的定義，使婚姻不那麼僵化、冰冷與狹隘，彷彿只能一方「贏」、另一方妥協。事實上，在真正的婚姻關係裡，不但會將無法言喻的喜樂帶進來，也會讓雙方一同成長，隨時都能找到值得慶祝與感謝的理由。

一段深厚、寬容、足以讓兩人一同善用各自天賦去發揮創意、使生活精彩多姿的婚姻，最終必能結出最甜美的果實。婚姻是攸關兩個心懷夢想、目標與恩賜的獨立個體，如何將這一切融合起來的浩大工程，很多時候這個工程還得重新啟動——以兩人伴侶的角度，構築全新的夢想與目標。這過程費心費力，常常一片混亂。但是，不要輕言放棄，持續努力不懈，直到你抵達目的地。

結·語

# 然後，接下來呢？

那是一段維繫了長達四十年的婚姻——也是眾人一心嚮往的目標。一起變老，彼此親近而相知，你可以替對方完成尚未說出口的句子。兩人眼神交匯的剎那，那份無言的默契，遠比年輕情侶間的千言萬語還要深切厚重。

但請你想像一下，在步入晚年、也逐漸遺忘一切時，那會是什麼樣的情境？最後的回憶、過往的約會時光、生活中的高低起伏……統統不復記憶。還記得嗎，有一年的國慶日派對上，你跌落阿姨家的泳池裡，我們笑到忍不住掉淚。還有一次，我們跪在醫院地板上，懇切地祈求上帝救救我們的小寶貝，而祂做到了。還有那些上帝沒有應允的時刻、那個改變我們一生的邂逅、我們相遇的那一天……多年來，我們重述了這些故事有一千多次吧？

想像有一天，這一切消失得無影無蹤。讓你無從追溯。

那是發生在羅伯森·麥肯金（Robertson McQuilkin）與妻子茉莉（Muriel）之間的故事。他記得第一次發現妻子的異狀，是在他們外出度假時。當時，茉莉正向一對剛認識的夫妻重述一件事，而那件事她五分鐘前才說過。麥肯金覺得有點奇怪，但也不以為意，只覺得有趣。後來再回頭檢視，他才恍然驚覺，那是妻子開始在他生命中一點一滴消失的起點。

罹患阿茲海默症的茉莉，症狀每況愈下——她已經到了難以說出完整句子的地步，由此衍生出更多的慌亂與不安。

從許多方面來看，這位與他結褵四十年的女子，其實已經不復存在。但他不以為然。他已經許下承諾，要愛她直到死亡將他們分離，而他答應要照顧一輩子的妻子還在呼吸，仍然活著。

那他怎麼做呢？他從一間頗負盛名的神學院請辭，卸下院長職位，比預計的生涯規劃提早退休（提早很多年，那意味著他所能領到的退休金也大幅減少）。

他在離職之際，寫了一封感人肺腑的辭職信：

看著她，總叫我滿心歡喜。我不是非得照顧她不可，我是想要把握機會照顧她。我在這過程中深受祝福，其中一個祝福是，她以特殊的方式教導我——什麼是愛。譬如說，上帝的愛。

茉莉現在已經無法說出完整的句子，只能以零散的詞彙來拼湊她的意思，有時候說出來的詞彙甚至與本意不符，例如當她的意思是「是」時，她卻以「不」來表達。但是，唯有一個完整的句子是難不倒她的，也是她最常說的，那就是：「我愛你。」

她不只說，她也以行動表達。學校董事會安排了一位看護住我們家，好讓我每天都可以放心去辦公室。在這兩年間，我越來越難把茉莉安置在家裡。只要我前腳一踏出家門，她就尾隨在後，跟著我走出門。只要我在她身邊，她便心滿意足；不然，則令她沮喪消沉，有時候甚至會令她驚慌失措。步行到學校大約是一哩之遙，有時候她會一天之內來回走十趟。我經常在夜晚幫她脫衣解鞋襪時，發現她血跡斑斑的腳底。

當我告訴家庭醫師這些狀況時，他哽咽了，簡短回應我：「如此深愛。」略微停頓後，醫師繼續說道：「我從經驗中累積出一個理論，有些經年累月發展起來的個性，會在某個類似這樣的非常時期一一出現。」我真希望自己也能以這樣的態度來愛上帝——任何時候都渴望與祂親近。而這正是妻子日復一日地教導我的功課。

今早，我讀到報紙上一封寫給輔導專欄的求助信，內容是一般現代人認知的觀念：「我結束了一段感情，因為這段關係已無法滿足我的需求。」輔導的回應並不令人意外：「你在這段感情中無法被滿足的需求是什麼？你現在還有同樣的需求嗎？你的對象要怎麼做才能滿足這些需求？他還做得到嗎？」對溝通的需求、被理解的需求、對肯定、共同興趣、滿足性愛的需求——需求的名單列也列不完。如果需求無法被滿足，就分開。這個人不提供其他選項。我一度也為自己詳細檢視那些與我漸行漸遠的需求和條件……

打從我第一次聽聞麥肯金的故事至今，幾年下來，這個故事一直縈繞心中。我再也想不到比這個故事更能具體詮釋何為婚約之愛的典範了。

那也是我們對這本書的期待——不斷探索、提示與提問——我們是為了什麼樣的愛而被造？在麥肯金的故事裡，我們已隱約瞥見並知道，他將一切指向耶穌對我們的愛，這份愛成了他的動力，使他也能像耶穌那樣付出。

艾莉莎和我都知道，有許多置身不同處境的人想要閱讀這本書：婚姻美滿的人，婚姻關係岌岌可危的人，已開始交往但不確定是否要分手的人，正穩定交往並準備訂婚的人，嚮往愛情的單身者，想要更多接觸與學習男女關係的快樂單身者。

我們衷心期待這本書與我們的故事，能在不同的面向幫助你、鼓勵你。或許，可以激勵你開始思索，並提出不一樣的問題，進而改變你對感情的觀點，或在匱乏之處為你帶來療癒的契機。

# 致謝

致我們的至親好友：我們雙方的父母、已婚的朋友、單身的朋友、年長老友與較年輕的朋友們——因為你們的陪伴與付出，成就了我們這段婚姻。謝謝你們毫無保留地向我們走來，容許我們在這段生命旅程中，與你們一同前行。你們每個人所活出來的生命與關係的榜樣，令人忍不住讚歎而引以為榮，感謝上帝恩賜我們如此美好的家人朋友，使我們可以追隨與學習。

致柯提思、邁克、璽里與麥特：謝謝你們對我們的信任。沒有你們，就不會有這本書。你們就像家人，感謝你們在背後為我們發聲，擁護我們，成為我們的諮詢與輔導者，更是督促我們的導師。

致布萊恩、傑夫、潔妮、捷恩、凱倫、潔西卡、韋伯、凱蒂、雅琳、斯蒂芬妮與蒂芬妮：成為作家，是我們夫妻的夢想。謝謝你們給我們機會，使我們如願以償。你們是一群最棒、最頂尖的團隊，能和你們一起共事，是我們莫大的榮幸。我們永遠對你們心懷感激。

致麥洛利：你設計的內頁（此指英文版）真是別出心裁，太酷了！

致亞仕頓：謝謝你總是不吝發揮創意，設計了我們所見過最棒的書籍封面（此指英文版）。多了你的鼎力相助，使這本書看起來獨特又饒富新意。

致安潔拉：你有一種特殊的能力——明白我們的想法，理解我們想要說的重點，還幫助我們把這些想法與重點以更精彩的方式表達出來——那真是無與倫比的恩賜。謝謝你。你真的超級有才華，這本書因為有你而更臻完美。

# 參考書目


- 《心靈的傷，身體會記住》（*The Body Keeps the Score*），塞爾・范德寇（Bessel van der Kolk）
- 《山寨版的上帝》（*Counterfeit Gods*），提姆・凱勒（Timothy Keller）
- 《終結性愛認同》（*The End of Sexual Identity*），傑內爾・芭黎絲（Jenell Paris）
- 《在天若地的教會》（*From Eternity to Here*），偉法克（Frank Viola）
- 《神聖的渴望》（*The Holy Longing*），羅納德・羅赫瑟（Ronald Rolheiser）
- 《婚姻解密》（*The Meaning of Marriage*），提姆・凱勒（Timothy Keller）
- 《基督教新約倫理學》（*The Moral Vision of The New Testament*），海斯（Richard B. Hays）
- 《驚人的盼望》（*Surprised by Hope*），賴特（N. T. Wright）
- 《身體神學入門》（*Theology of the Body for Beginners*），韋基道（Christopher West）
- *Loveology*, John Mark Comer
- *Not Just Good, but Beautiful*, Helen Alvaré (editor)

國家圖書館出版品預行編目資料

與耶穌一起，談愛情 = Love that lasts：從交往到婚姻，讓愛延續的兩性相處秘訣 / 傑弗森．貝斯齊 (Jefferson Bethke)、艾莉莎．貝斯齊 (Alyssa Bethke)著 ; 童貴珊譯. -- 二版. -- 臺北市：啟示出版：家庭傳媒城邦分公司發行, 2021.06
面； 公分. -- (Soul系列 ; 52)
譯自：Love That Lasts: How We Discovered God's Better Way for Love, Dating, Marriage, and Sex

ISBN 978-986-06390-5-6 (平裝)

1.基督徒 2.兩性關係

244.9 110008489

Soul系列052

**與耶穌一起，談愛情：從交往到婚姻，讓愛延續的兩性相處秘訣**

作　　者／傑弗森．貝斯齊 (Jefferson Bethke)、艾莉莎．貝斯齊 (Alyssa Bethke)
譯　　者／童貴珊
企畫選書人／周品淳
總 編 輯／彭之琬
責任編輯／周品淳

版　　權／吳亭儀、邱珮芸
行銷業務／賴晏汝、華　華
總 經 理／彭之琬
事業群總經理／黃淑貞
發 行 人／何飛鵬
法律顧問／元禾法律事務所王子文律師
出　　版／啟示出版
臺北市 104 民生東路二段 141 號 9 樓
電話：(02) 25007008　傳真：(02)25007759
E-mail:bwp.service@cite.com.tw
發　　行／英屬蓋曼群島商家庭傳媒股份有限公司城邦分公司
台北市中山區民生東路二段141號2樓
書虫客服服務專線：02-25007718；25007719
服務時間：週一至週五上午09:30-12:00；下午13:30-17:00
24小時傳真專線：02-25001990；25001991
劃撥帳號：19863813；戶名：書虫股份有限公司
讀者服務信箱：service@readingclub.com.tw
城邦讀書花園：www.cite.com.tw
香港發行所／城邦（香港）出版集團
香港灣仔駱克道193號東超商業中心1F E-mail: hkcite@biznetvigator.com
電話：(852) 25086231　傳真：(852) 25789337
馬新發行所／城邦（馬新）出版集團【Cite (M) Sdn Bhd】
41, Jalan Radin Anum, Bandar Baru Sri Petaling, 57000 Kuala Lumpur, Malaysia.
電話：(603) 90578822　傳真：(603) 90576622
Email: cite@cite.com.my

封面設計／李東記
排　　版／極翔企業有限公司
印　　刷／韋懋實業有限公司

■ 2018 年 5 月 8 日初版
■ 2023 年 11 月 23 日二版 2 刷
定價 350 元

Printed in Taiwan